Trabalho

Você e suas relações profissionais

Dados Internacionais de Catalogação na Publicação (CIP)
(Jeane Passos de Souza – CRB 8ª/6189)

Porto, Bruno
Trabalho: você e suas relações profissionais / Bruno Porto, Mariana Amaral, Billy Bacon. – São Paulo : Editora Senac São Paulo, 2016. (Se Liga Nessa)

Bibliografia.
ISBN 978-85-396-1153-9

1. Relações profissionais : Trabalho : Jovens I. Amaral, Mariana. II. Bacon, Billy. III. Título.

16-438s CDD-331.7
BISAC BUS038000

Índice para catálogo sistemático:
1. Relações profissionais : Trabalho : Jovens 331.7

Trabalho

Você e suas relações profissionais

Bruno **Porto**
Mariana **Amaral**
Billy **Bacon**

Editora Senac São Paulo – São Paulo – 2016

Gerente/Publisher: Jeane Passos de Souza (jpassos@sp.senac.br)
Coordenação editorial/prospecção: Luís Américo Tousi Botelho (luis.tbotelho@sp.senac.br)
Márcia Cavalheiro Rodrigues de Almeida (mcavalhe@sp.senac.br)
Administrativo: João Almeida Santos (joao.santos@sp.senac.br)
Comercial: Marcos Telmo da Costa (mtcosta@sp.senac.br)

Supervisão editorial: Rose Zuanetti
Supervisão pedagógica: Maria Regina Prado
Revisão técnica: Denise Laura Soares da Anunciação e Regina Paulinelli
Projeto gráfico: Bold°_ a design company
Direção de arte: Billy Bacon
Coordenacão de design: Nicolau Mello
Design gráfico: Antonio Caamaño
Ilustrações: Filipe Aviz
Coordenação de equipe: Augusto Manso
Revisão: Iracema Dantas e Elisa Sankuevitz
Produção gráfica: Antonio Carlos De Angelis
Impressão e acabamento: Coan Indústria Gráfica Ltda.

Editora Senac São Paulo
Rua 24 de Maio, 208 – 3º andar – Centro – CEP 01041-000
Caixa Postal 1120 – CEP 01032-970 – São Paulo – SP
Tel.: (11) 2187-4450 – Fax.: (11) 2187-4486
editora@sp.senac.br
www.editorasenacsp.com.br

NOTA DOS EDITORES

Em 2006, o Senac Nacional lançou a série **Se liga nessa**, um conjunto de livros voltados para o Programa de Aprendizagem e outros cursos de educação para o trabalho e a cidadania. Ao longo desses anos de existência, foram muitas impressões e uma tiragem total de mais de 300 mil exemplares. Mas de lá para cá muita coisa mudou.

Novas tecnologias foram rapidamente incorporadas ao cotidiano dos jovens, e as redes sociais praticamente dominam as relações pessoais e comunitárias. As questões de gênero, raça e religião ganharam novos contornos, algumas conquistas e novas reflexões. Na área social, se o problema das drogas, da violência e da intolerância continua grave, a cidadania, a preocupação com o meio ambiente e a sustentabilidade se fortaleceram num bom contraponto. O mundo do trabalho também experimentou diversas transformações a partir da estabilidade econômica, do desenvolvimento do país e dos investimentos em educação profissional e... os livros da série **Se liga nessa** precisaram ser remodelados.

Agora, os três livros dos alunos e o do professor aparecem de cara nova, trazendo questões contemporâneas, numa linguagem mais atual e num design mais moderno.

Se liga nessa – Trabalho apresenta um panorama do mundo do trabalho e mostra as diferentes possibilidades de inserção na vida profissional. Temas como globalização, tendências e perspectivas; mercado formal e informal; vínculos empregatícios; direitos e deveres do trabalhador; saúde e segurança no trabalho oferecem uma visão abrangente da realidade que o jovem deverá encontrar e das escolhas exigidas pela vida adulta, mostrando alguns caminhos possíveis para a escolha profissional e a tomada de decisões em sua trajetória no mundo do trabalho.

NOTA DOS AUTORES

"Este livro reúne:

- 25 dicas infalíveis de como se comportar em uma entrevista de emprego.
- Uma lista com os 50 melhores trabalhos do mundo.
- Os dez mandamentos para se tornar um funcionário modelo.

Ao fim dele, você vai achar o emprego da sua vida e ser feliz para sempre."

É isso o que muita gente gostaria de ler no começo de uma publicação sobre mercado de trabalho. Mas, não, este livro não traz nada disso. Porque não existe solução miraculosa nesse caso. A melhor maneira de conseguir um bom trabalho é botar a mão na massa e colocar a cabeça para funcionar. "Tudo muda o tempo todo no mundo", como diz a música. O que estamos escrevendo hoje pode não valer mais no futuro. Mas se você estiver preparado, seguro de si e consciente de suas escolhas, conseguirá se posicionar muito bem diante das situações que vai enfrentar.

Para ajudar você nessa tarefa, preparamos quatro capítulos que vão apresentar questões importantes e mostrar como a maioria das pessoas as encaram. Nestes mesmos capítulos, porém, vamos mostrar como tais questões podem ser pensadas de outras maneiras que, muitas vezes, parecem desafiar o senso comum.

Ao fim do livro, vamos constatar, juntos, que para se dar bem no mercado de trabalho é mais importante aprender a fazer perguntas, e não decorar meia dúzia de respostas batidas. Vamos lá?

O MUNDO DO TRABALHO

TRABALHO: MODOS DE USAR

A CAMINHO DO MERCADO DE TRABALHO

AGORA É COM VOCÊ

O MUNDO DO TRABALHO

INFORMAÇÃO

UM JORNAL DE HOJE

O TABLET

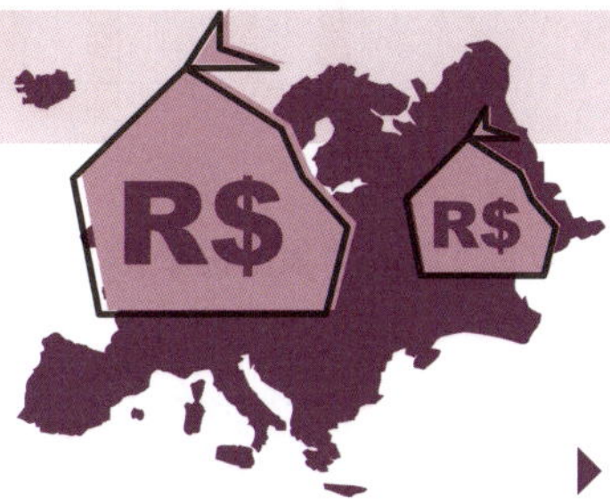

Brasil estuda maneira de **ajudar União Europeia** a **sair da crise**

Procura por cursos de **chinês** **aumenta**

Oportunidade: abrem **vagas** nas áreas de **petróleo e turismo**

Como **acabar** com a **fome** na **África?**

UM JORNAL ANTIGO

O DIÁRIO

Dívida externa do Brasil cresce 20%

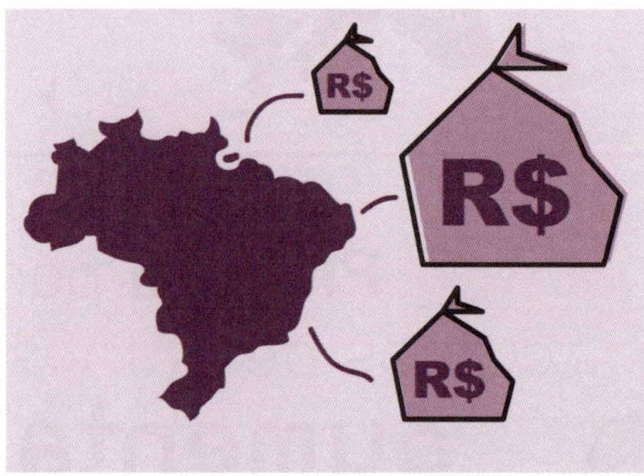

págs. 2 e 3

De olho no Mercosul, cada vez mais profissionais procuram cursos de espanhol

págs. 5

Boom **de academias de ginástica** aumenta as oportunidades para os profissionais de educação física.

pág. 10

ESPECIAL

Como acabar com a fome na África?

pág. 13

NA PÁGINA 13, NÓS VEMOS MANCHETES QUE PODERIAM ESTAR NOS JORNAIS DE HOJE. Na página ao lado, mostramos as notícias de um jornal publicado anos atrás. Comparando os dois, podemos perceber algumas coisas.

No passado, o Brasil era um país endividado, extremamente dependente de dinheiro vindo do exterior. Hoje isso mudou. Tanto que, recentemente, o governo federal estudou maneiras de ajudar a então poderosa Europa a sair de uma crise econômica sem igual.

Atualmente, a China vem sendo tratada como a potência do futuro, graças à força de sua economia. Por isso, muitos especialistas em mercado de trabalho têm estimulado os jovens a estudar a língua chinesa. Há uns bons anos, porém, essas mesmas pessoas disseram que aprender a falar espanhol era uma prioridade. É que naquela época o Mercosul (Mercado Comum do Sul, formado por Brasil, Argentina, Uruguai e Paraguai) parecia prestes a decolar, o que estreitaria nossa relação comercial com os vizinhos da América Latina.

Com a descoberta dos campos de pré-sal (área rica em petróleo que se estende ao longo de 800 quilômetros entre o Espírito Santo e Santa Catarina), a realização da Copa do Mundo e das Olimpíadas no Brasil, optar por uma carreira ligada aos setores de petróleo e turismo parece uma ótima ideia. Na década de 1990, o mesmo entusiasmo era dedicado à educação física, profissão que ganhou força com o *boom* das academias de ginástica.

Opa, peraí: mas e a fome na África? Ela aparece no jornal de hoje e no antigo também...

Infelizmente, muitas coisas permanecem exatamente iguais, por mais que o mundo mude e a ciência e a tecnologia avancem. Isso acontece porque muitos dos problemas enfrentados pela humanidade são complexos e antigos. É o caso da miséria, da má distribuição de renda, de epidemias. Para solucioná-los, é preciso que haja uma série de transformações políticas, sociais e culturais.

PARESPIREFLITA
PARESPIREFLITA
PARESPIREFLITA

Ou seja, nem tudo está mudando. E prestar atenção nisso também é fundamental.

Mas o que isso tudo quer dizer? Significa que as pessoas que, no passado, chamaram a atenção para o espanhol e a educação física não sabiam o que estavam falando? E que o Brasil não estava com problemas econômicos de verdade? Não. Naquele momento, essa era a realidade. Mas as coisas mudaram. As coisas estão sempre mudando. E cada vez mais rápido.

O mundo em que vivemos hoje é muito mais dinâmico do que o de dez, vinte anos atrás. Antes as mudanças levavam mais tempo para acontecer. Hoje o panorama do mercado de trabalho, por exemplo, pode mudar de um ano para o outro.

O mundo não para e você também não pode ficar parado. É preciso correr atrás e procurar entender o que está acontecendo. Para isso é fundamental estar bem informado, atualizar-se. E como ficar bem informado? Assistindo ao noticiário na TV, lendo jornais, revistas, livros, *sites*, *blogs* etc.

Veja a diferença entre as duas conversas abaixo:

CONVERSA 1

Mãe, a escola está oferecendo aulas de inglês de graça aos sábados. Posso ir?

Para que, filho? Você não precisa de inglês para nada, não vai morar fora do país ou algo assim. E sábado é o dia que você me ajuda a cuidar do seu irmãozinho.

Mas, mãe, todo mundo da minha sala vai.

Isso é um problema dos seus amigos com a família deles.

Mas, mãe, vai TODO mundo. Por favor, mãe! Por favor, por favor, por favor, por favor, por favor...

:(

CONVERSA 2

Mãe, a escola está oferecendo aulas de inglês de graça aos sábados. Posso ir?

Para que, filho? Você não precisa de inglês para nada, não vai morar fora do país ou algo assim. E sábado é o dia que você me ajuda a cuidar do seu irmãozinho.

Mas, mãe, li no jornal que vão abrir um hotel de luxo na praia de Tererê, aqui pertinho de casa. Eles esperam atrair muitos turistas estrangeiros. Com isso vão aparecer mais oportunidades de trabalho para quem fala inglês.

Hmmmm, isso é verdade. Vou ver se peço para nossa vizinha olhar seu irmão durante algumas horas no sábado para você poder ir.

:)

Na primeira conversa, o filho não explica muito bem os motivos para fazer o curso. Realmente, fazer uma coisa só porque seus amigos estão fazendo não é um bom argumento. Afinal, o que é bom para um não é necessariamente bom para o outro.

Na segunda conversa, o filho usa uma notícia que ele leu no jornal para duas ações importantes que executamos diariamente, às vezes até sem perceber:

1. **Tomar uma decisão:** ele entende que, com a construção de um hotel de luxo perto da sua casa, turistas estrangeiros virão para sua cidade e surgirão empregos para quem fala inglês. Por isso ele **DECIDE** estudar inglês.
2. **Argumentar durante uma conversa:** a princípio sua mãe não gosta muito da ideia de ele passar o sábado estudando inglês em vez de ajudá-la em casa, mas, quando o filho explica os motivos, ela entende e concorda que pode ser uma boa oportunidade.

Uma pessoa bem informada tem bons argumentos durante conversas, o que também serve de base para tomar decisões mais conscientes. Ela se torna mais preparada para enfrentar desafios.

MUITA, MUITA, MUITA, MUITA, MUITA INFORMAÇÃO

Hoje é muito mais fácil ter acesso à informação do que antigamente. Em compensação, a quantidade de informação é infinitamente maior. E como se localizar nessa avalanche de conhecimento? Você digita uma palavra qualquer em um *site* de buscas e em poucos segundos pode encontrar 7.620.000 resultados. É humanamente impossível guardar tudo o que você encontra no caminho ou armazenar milhões de dados na cabeça – isso é trabalho para computador! Mais importante do que acumular informações é saber analisá-las.

De nada adianta coletar um monte de dados se a gente não sabe o que fazer com eles. É preciso aprender a selecionar, interpretar e refletir para tentar entender o mundo ao seu redor.

No que diz respeito ao mundo do trabalho, você precisa estar bem informado para descobrir qual área está em alta na hora de pensar no seu futuro profissional e, depois, para ser valorizado no emprego. Porque não é assim: a gente consegue um emprego e está tudo resolvido, não. Mesmo depois de empregado, é preciso continuar constantemente se atualizando, se informando e se especializando para crescer profissionalmente – e como pessoa, é claro.

As oportunidades de emprego não estão apenas nos classificados dos jornais. Todas as seções trazem dicas, pistas, que podem ser descobertas por quem se atrever a procurar. Uma boa oportunidade pode estar escondida em uma matéria de esporte, cultura, no caderno feminino, economia...

CAMPEONATO DE PARAQUEDISMO

A cidade de Campos do Sul vai receber este ano, pela primeira vez, uma edição do campeonato mundial de paraquedismo do qual participam atletas de ponta do mundo todo.

Além dos atletas, muitos turistas devem visitar a cidade por causa do campeonato, e os hotéis deverão receber um número maior de hóspedes. O comércio e os restaurantes certamente vão ficar abertos até mais tarde e funcionar aos domingos. Por conta disso, diversas vagas temporárias devem surgir.

FESTIVAL DE MÚSICA

Começou ontem mais uma edição do Festival de Hip Hop, que pela primeira vez ocupa três galpões inteiros do Cais do Porto carioca. O crescimento do evento é uma prova inegável de que a população da cidade se apaixonou de vez pelo ritmo americano.

Já é a terceira matéria em menos de um mês sobre esse tipo de evento. Se o hip hop virou febre no Rio de Janeiro, são grandes as chances de boates e casas de shows estarem à procura de DJs, *rappers* e dançarinos de *break* para agradar a esse público crescente.

NOVAS CORES DE ESMALTE

Rosa chiclete, vermelho paixão, amarelo ouro. As fanáticas por esmalte já perceberam: as lojas de cosméticos foram invadidas por cores novas – e ousadas. Segundo os proprietários dos estabelecimentos, os fabricantes estão ampliando seu leque de opções porque as consumidoras de esmalte estão comprando como nunca e seguem em busca de novidades.

O profissional de salão de beleza tem que estar sempre em dia com a moda para levar as últimas novidades para as suas clientes. Ser a primeira a comprar novos esmaltes, ter sempre variedade e os lançamentos pode ser uma boa oportunidade para aumentar a clientela.

Saber olhar além, refletir, pensar a respeito do que se está vendo é fundamental para a vida. Taí uma coisa que nunca vai mudar. E não precisa ser usado apenas no mundo do trabalho, não. Deve ser um exercício diário. Refletir sobre as coisas ajuda você a entender o mundo à sua volta e também a se conhecer melhor.

COMO ERA O FUTURO ANTIGAMENTE?

Não é só quem está dando os primeiros passos na vida profissional que costuma imaginar como será o mundo dali a alguns anos. A humanidade sempre tentou advinhar como seria o futuro. Só que nem sempre o imaginado bateu com a realidade que viria depois.

Os homens e as mulheres que viveram nas décadas de 1960 e 1970, por exemplo, tinham quase certeza de que todos nós nos locomoveríamos usando carros voadores. Um desenho animado criado nessa época e ambientado no futuro, "Os Jetsons", mostrava uma família que ia de um lado para o outro usando carros que flutuavam. Não havia trânsito. Bem, como todos nós sabemos, essa previsão não se concretizou. Pelo menos não por enquanto.

Também se acreditava que teríamos robôs nos ajudando em tarefas do dia a dia, como lavar a louça e arrumar a casa, e que seria inventada a comida em forma de pílula, que poderia ser carregada no bolso. Por outro lado, muitos dos avanços tecnológicos que testemunhamos nos últimos anos não foram previstos por ninguém. É o caso da internet, que revolucionou o planeta nas últimas duas décadas.

Ninguém imaginaria tampouco que teríamos telefones portáteis e capazes de tirar foto. Ou que as redes sociais nos conectariam com pessoas de outras cidades, estados e países. Como você acha que será o mundo daqui a 40, 50 anos? Será que finalmente teremos carros voadores? Quais profissões irão surgir e quais devem desaparecer? Não dá para afirmar com certeza. Mas que é divertido imaginar, isso é!

UMA BREVE HISTÓRIA

PRODUÇÃO ARTESANAL E AGRÍCOLA

Os seres humanos viviam em **GRUPOS ISOLADOS**. Caçavam, pescavam e plantavam para sobreviver.

O ser humano aprendeu a criar **ANIMAIS**, a dominar a **CERÂMICA** e a trabalhar com **METAIS**.

Com o aumento da produtividade, começou a sobrar comida e objetos. Aconteciam então as **TROCAS**: minha sobra de trigo pela sua de arroz.

Os seres humanos começaram a acumular riquezas e a se fixar em **ALDEIAS** que, com o aumento da população, logo viraram **CENTROS URBANOS**.

Surgimento do **COMÉRCIO**, capaz de gerar riquezas que não dependiam diretamente da propriedade de terra.

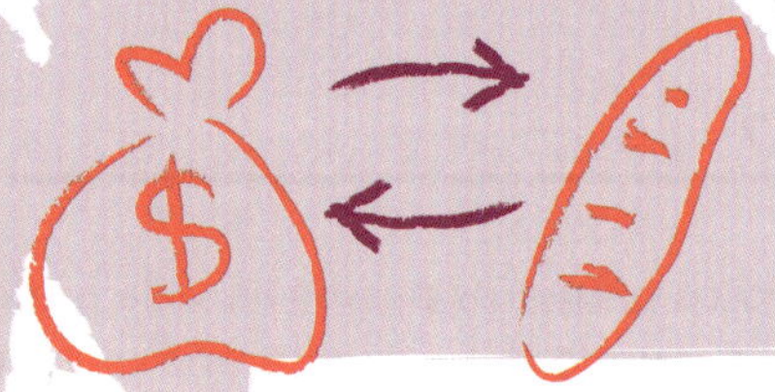

A NAVEGAÇÃO TEVE IMPORTÂNCIA DECISIVA NA EXPANSÃO DO COMÉRCIO.

Surgimento de uma nova classe, a **BURGUESIA**, que vivia nas cidades e não mais dependia dos senhores da terra ou da nobreza.

Aqueles que conseguiam acumular riquezas empregavam outras pessoas. Com isso se estabeleceram **RELAÇÕES BASEADAS NO DINHEIRO**.

NO BRASIL

No dia 13 de maio de 1888, a Princesa Isabel sancionou a **LEI ÁUREA**, abolindo a escravatura no Brasil.

1930: CRIAÇÃO DO MINISTÉRIO DO TRABALHO, INDÚSTRIA E COMÉRCIO NO BRASIL.

A **CARTEIRA DE TRABALHO** foi instituída pelo governo de Getúlio Vargas em 1932.

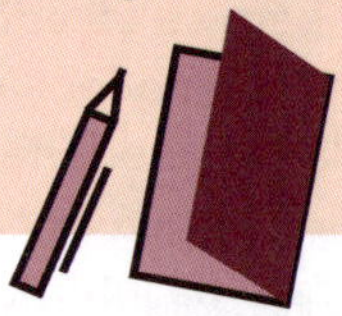

Pesquisa do Instituto de Economia da Fundação Getúlio Vargas (Ibre-FGV) revelou, em 2010, que a **ECONOMIA INFORMAL NO BRASIL EQUIVALE A UMA ARGENTINA**, ou a 578,4 bilhões de reais por ano, correspondente a 18,4% do Produto Interno Bruto (PIB).

DO TRABALHO

PRODUÇÃO INDUSTRIAL

Produção artesanal foi substituída pela **PRODUÇÃO EM LARGA ESCALA**. Profundas transformações sociais e econômicas. Renda *per capita* e população começaram a crescer de maneira acelerada. Os agricultores se dirigem aos centros urbanos. **REVOLUÇÃO INDUSTRIAL**. Início da relação empregado/patrão.

Criação dos **SINDICATOS**: os empregados se organizaram para defender seus direitos.

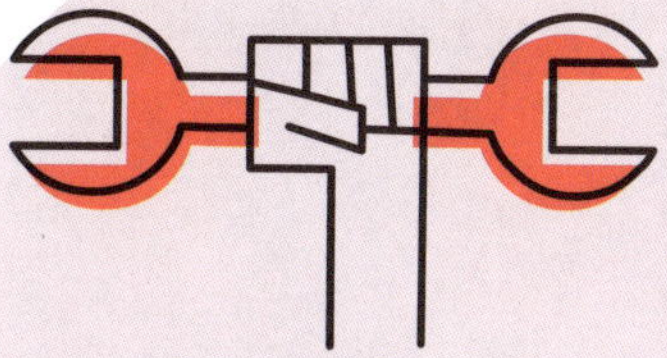

De 1929 ao final da Segunda Guerra Mundial: **GRANDE DEPRESSÃO**, a pior e mais longa crise econômica do século passado.

O presidente americano Franklin Delano Roosevelt criou uma série de medidas chamada **NEW DEAL**. A partir daí a Grande Depressão começou a perder força.

CRISE DO PETRÓLEO ENTRE 1973 E 1979

Os **TIGRES ASIÁTICOS** – Hong Kong, Coreia do Sul, Taiwan e Cingapura – tiveram um crescimento econômico impressionante nesse período, assim como uma rápida industrialização.

Já a América Latina e a África entraram em recessão, e os **ANOS 80** ficaram conhecidos como a **DÉCADA PERDIDA**.

Popularização da **INTERNET** acelerou o processo de globalização.

O **SALÁRIO MÍNIMO** passou a vigorar no Brasil durante a Era Vargas.

A **CONSOLIDAÇÃO DAS LEIS DO TRABALHO (CLT)** foi criada por Getúlio Vargas em 1943. Grande parte da legislação trabalhista atual é fruto daquela época.

A CLT garantiu os principais direitos trabalhistas: o descanso semanal, a regulamentação do trabalho da mulher, dos menores e do trabalho noturno, a fixação da jornada de trabalho.

A Constituição de 1988 estabelece que **O SALÁRIO MÍNIMO É UM DIREITO DO TRABALHADOR** e deve ser "capaz de atender às suas necessidades vitais básicas e às de sua família como moradia, alimentação, educação, saúde, lazer, vestuário, higiene, transporte e previdência social, com reajustes periódicos que lhe preservem o poder aquisitivo".

TIPOS DE TRABALHO

TODO MUNDO FALA ASSIM:

MAS O QUE ISSO QUER DIZER?

VOCÊ PRECISA SABER DE VOCÊ

OUVIMOS MUITO ESTA FRASE: VOCÊ PRECISA ARRUMAR UM BOM EMPREGO. Mas afinal, o que é um bom emprego? Será que existe um único emprego que seja bom para todas as pessoas do mundo? A resposta é não, não existe. Um bom emprego é aquele que é adequado e satisfatório para você.

Se você sair perguntando por aí o que é um bom emprego, as respostas serão bem variadas. Alguns vão dizer que um bom emprego é aquele que paga bem. Outros, que um bom emprego é poder fazer aquilo que se ama. Alguns vão defender que um bom emprego é o estável. Outros vão preferir empregos temporários, cheios de desafios novos e inesperados.

A definição de um bom emprego pode ser diferente para cada pessoa, mas os direitos dos trabalhadores valem para todos os brasileiros.

Nas relações trabalhistas, os empregadores são obrigados por lei a oferecer aos seus funcionários uma série de benefícios. Esses benefícios são chamados direitos trabalhistas. Grande parte desses direitos é fruto da Consolidação das Leis do Trabalho (CLT), que foi criada em 1943 e é um dos marcos do governo de Getúlio Vargas.

ALGUNS DIREITOS BÁSICOS DO TRABALHADOR SÃO:

SALÁRIO MÍNIMO

O salário mínimo é determinado pelo governo e corresponde ao valor mínimo que um trabalhador deve receber pelo seu trabalho.

DÉCIMO TERCEIRO SALÁRIO

O décimo terceiro salário consiste no pagamento anual de 1/12 da remuneração por mês trabalhado. Se você está no emprego há um ano, a conta é fácil: você receberá um salário extra. Como o ano tem doze meses, você receberá um salário a mais. Por isso o nome: décimo terceiro.

FGTS

A sigla significa Fundo de Garantia por Tempo de Serviço. Mensalmente, a empresa onde você trabalha faz um depósito em seu nome em uma conta da Caixa Econômica Federal. O valor desse depósito corresponde a 8% do seu salário. Se o seu contrato for temporário, a porcentagem é de 2%. Você pode sacar o dinheiro desse fundo quando se aposenta ou é demitido sem justa causa, em caso de doença degenerativa, catástrofe natural ou em outros casos especiais estipulados por lei federal. Caso o trabalhador tenha mais de dois anos de contribuição, pode usar o saldo para comprar uma casa própria. O dinheiro também pode ser usado para a compra de material de construção. Para ter acesso ao FGTS, você precisa se cadastrar no Programa de Integração Social (PIS). Se na admissão o empregado não possuir cadastro no PIS, a empresa é obrigada a realizá-lo.

FÉRIAS

Todo empregado tem direito a um período de 30 dias de férias remuneradas a cada 12 meses trabalhados. Quando sai de férias, deve receber um abono correspondente a 1/3 do salário.

SEGURO-DESEMPREGO

É um benefício temporário concedido ao trabalhador desempregado que foi dispensado sem justa causa. Ele visa prover assistência financeira para auxiliar o trabalhador até que ele consiga um novo emprego. Para receber o seguro-desemprego, é preciso que o trabalhador comprove que recebeu salários consecutivos nos últimos seis meses; trabalhou pelo menos seis meses nos últimos 36 meses; não está recebendo benefícios da Previdência Social de prestação continuada, exceto auxílio-acidente e pensão por morte; e não possui renda própria.

LICENÇA-MATERNIDADE

É o benefício que concede à mulher que teve filho licença remunerada de 120 dias. Algumas empresas e órgãos públicos dão 60 dias a mais de licença. Uma mãe adotiva tem os mesmos direitos. A lei garante ainda que a mãe tenha dois intervalos diários de meia hora para a amamentação depois de voltar a trabalhar.

LICENÇA-PATERNIDADE

Licença remunerada de cinco dias concedida ao pai para ficar ao lado do filho recém-nascido.

CARTEIRA DE TRABALHO ASSINADA

A carteira de trabalho é obrigatória para o exercício de qualquer emprego com vínculo empregatício. Ela é um documento que serve como a sua identidade profissional, e garante o acesso a alguns dos principais direitos trabalhistas e previdenciários como: salário, férias, décimo terceiro salário, repouso remunerado em caso de doença, aposentadoria, seguro-desemprego, licença-maternidade e FGTS. A carteira de trabalho também reúne informações sobre a sua identidade e a sua vida profissional (contrato de trabalho, alterações salariais, mudança de funções, gozo de férias, licenças, contribuição sindical, FGTS etc).

RELAÇÕES DE TRABALHO

Mas o que acontece se você está desempregado e aparece um trabalho sem carteira assinada? Essa é a realidade dos milhões de brasileiros que fazem parte do chamado mercado informal. Ou seja, que trabalham para empresas ou pessoas mas não têm vínculo empregatício com elas. Esses trabalhadores não possuem carteira assinada, recebem sua remuneração "por fora" e muitas vezes não têm direito aos benefícios determinados por lei, como o décimo terceiro salário e as férias, por exemplo.

É importante destacar que, com ou sem carteira assinada, o trabalhador deve ter consciência de seus direitos e deveres. Mesmo sem estar subordinado legalmente a uma empresa, o profissional pode e deve administrar sua vida profissional, seja contribuindo para uma previdência privada ou economizando para ter uma reserva financeira.

Legalmente é possível ter diferentes relações de trabalho. Você pode ser contratado como funcionário ou optar por ser um trabalhador autônomo. O autônomo é uma pessoa que presta serviços por conta própria. Não tem direito aos mesmos benefícios que os trabalhadores com carteira assinada, mas pode contribuir para o INSS. O fato de não ter direito a férias não impede que o autônomo se organize financeiramente para poder descansar durante um determinado período do ano. O mesmo vale para o décimo terceiro.

Outra opção é ser dono do próprio negócio, como empresário ou microempresário. Também é possível integrar uma cooperativa, que vem a ser a sociedade de pessoas com objetivos comuns. Veja o exemplo de uma cooperativa de doceiras: na hora de comprar uma quantidade grande de ingredientes, uma única doceira tem baixo poder de barganha, já uma cooperativa de doceiras terá maior facilidade na hora de negociar, pois comprando quantidade maior o preço unitário tende a cair.

As cooperativas são um exemplo da chamada Economia Solidária, que envolve o conjunto de atividades econômicas organizadas sob a forma de autogestão.

PARA QUEM É ESTUDANTE, ALGUNS DOS PRINCIPAIS VÍNCULOS SÃO:

ESTAGIÁRIO

Segundo o Ministério do Trabalho, podem estagiar os "estudantes que estiverem frequentando o ensino regular em instituições de educação superior, de educação profissional, de ensino médio, de educação especial e dos anos finais do ensino fundamental, na modalidade profissional da educação de jovens e adultos". O objetivo do estágio é "o aprendizado de competências próprias da atividade profissional e a contextualização curricular, objetivando o desenvolvimento do educando para a vida cidadã e para o trabalho". O estágio, que pode ser remunado ou não, não caracteriza vínculo empregatício.

APRENDIZ

Trata-se de um contrato especial de trabalho, previsto por lei, com tempo determinado de no máximo dois anos e direcionado a jovens entre 14 e 24 anos. Segundo o Ministério do Trabalho, "a empresa que contrata fica responsável por matricular o jovem em uma instituição qualificada de ensino, onde ele receberá aulas de algum curso de aprendizagem. A carga horária de trabalho é, então, dividida entre a empresa (parte prática) e a instituição (parte teórica)". A lei garante ao aprendiz o direito ao salário mínimo-hora, observando-se, caso exista, o piso estadual.

AMBIENTES PROFISSIONAIS

INDÚSTRIA

Segundo o dicionário *Aurélio*, indústria é a "atividade de produção de mercadorias, especialmente de forma mecanizada e em grande escala, abrangendo a extração de produtos naturais e sua transformação".

CICLO DA INDÚSTRIA

Veja como funciona a maioria das indústrias

1. Compra matéria-prima de um fornecedor (algumas delas produzem a própria matéria-prima).
2. Usa máquinas e equipamentos para transformar matéria-prima em produto acabado.
3. Oferece o produto acabado no mercado.
4. Vende o produto.
5. Gerencia as finanças: parte do dinheiro gera lucro e paga a estrutura (funcionários, luz, aluguel etc.). A outra parte é investida na compra de matéria-prima.

COMÉRCIO

O objetivo do comércio é levar as mercadorias do produtor para o consumidor. O comerciante compra os produtos por um determinado preço e os revende por um valor maior. Para o consultor Luiz Ratto, autor do livro *Comércio – um mundo de negócios* (Ed. Senac Nacional, 2004), "o comerciante bem-sucedido é aquele que consegue manter um preço que lhe permita vender um volume significativo de mercadorias, cobrir o custo da compra dos produtos, as despesas para agregar serviços e comercializar e, ainda, preservar uma parte para remunerar seu próprio trabalho. Esta parcela é o lucro".

Para você entender melhor, vamos explicar passo a passo as principais etapas da atividade comercial.

COMPRAR

É a primeira tarefa do comerciante. Quem consegue um preço menor nessa etapa já sai na frente da concorrência. O segredo é comprar o produto certo para seus clientes, na quantidade certa (nem demais, nem de menos), pelo valor mais baixo.

AGREGAR SERVIÇO

Acabamos de dizer que o comerciante é responsável por levar a mercadoria do produtor para o consumidor. Na verdade, esse processo envolve mais do que transporte de produtos. Abrange também os investimentos que o comerciante faz para tornar o seu negócio mais atraente para os clientes. O nome disso é agregar serviços.

Imagine duas lojas que vendem o mesmo produto. Uma delas é um forno. A outra tem um ar-condicionado poderoso. Uma deixa seus produtos largados no chão, de qualquer jeito. A outra organiza suas mercadorias em prateleiras que brilham de tão limpas. Uma tem funcionários mal-educados. A outra, funcionários que só faltam carregar você no colo. O ar-condicionado, a organização e o bom atendimento são exemplos de serviços agregados.

Agregando serviços, o comerciante atrai clientes novos, cria uma relação sólida com os antigos e se diferencia da concorrência.

VENDER

A finalidade do comércio é a venda, que deve cobrir o valor gasto com as mercadorias e serviços agregados e ainda garantir uma margem de lucro. Para vender mais, as lojas investem em **PROPAGANDA**, **PROMOÇÕES DE VENDA**, **POLÍTICAS** de **CRÉDITO** e **BOM ATENDIMENTO**.

PROPAGANDA

Uma das funções principais da propaganda é atrair clientes. Outra é deixar o nome da loja sempre em evidência para que os clientes pensem nela em primeiro lugar.

PROMOÇÃO DE VENDAS

Os tipos de promoção mais usados são: sorteios, cupons de desconto, brindes, amostras grátis e programas de fidelidade.

POLÍTICAS DE CRÉDITO

São formas de facilitar o pagamento. As mais populares são os cartões de crédito, o parcelamento, os cheques pré-datados, os crediários etc.

BOM ATENDIMENTO

Um bom vendedor deve ser comunicativo, atencioso, passar confiança, sorrir, conhecer bem os produtos que está vendendo.

SERVIÇOS

O *Aurélio* define serviços como "atividade econômica de que não resulta produto tangível, em contraste com a produção de mercadorias. Por exemplo: transporte, comunicações, atividades de profissionais liberais, administração pública".

Representa um dos maiores setores da atividade econômica nacional. São muitos os tipos de serviço e diariamente surgem outros novos. De acordo com a Lei Nº 8.078/90, serviço "é qualquer atividade fornecida no mercado de consumo, mediante remuneração".

SEGURANÇA E SAÚDE NO TRABALHO

Quando estamos trabalhando, temos que nos preocupar com um monte de coisas, mas não podemos deixar de lado a mais importante delas: a nossa saúde. Para cuidar da saúde e segurança dos trabalhadores, o Ministério do Trabalho e Emprego determina que as empresas criem uma Comissão Interna de Prevenção de Acidentes (Cipa).

Uma das funções da Cipa é oferecer palestras e cursos educativos sobre segurança no trabalho e primeiros socorros, e é de suma importância a prevenção de acidentes na empresa. A Cipa é obrigatória nas empresas com mais de 50 funcionários.

Se o lugar onde você trabalha conta com uma Cipa, não deixe de se informar sobre as suas atividades. Não espere que ela venha até você.

Caso a empresa na qual você trabalha não tenha uma política de segurança, procure se informar sobre o assunto na internet. O Ministério do Trabalho e Emprego (www.mte.gov.br) traz informações sobre o tema.

Cada profissão apresenta suas áreas de risco. Uma secretária, por exemplo, que trabalha o dia inteiro no computador, tem grandes chances de sofrer de lesão por esforço repetitivo (LER). Já quem cuida de produtos químicos deve tomar cuidado para não se contaminar com substâncias tóxicas. Existem algumas doenças que independem da área de atividade da empresa. Estresse, depressão, síndrome do pânico são decorrentes de ambientes de trabalho altamente competitivos.

É importante conhecer a área de risco do seu trabalho e aprender como se prevenir para evitar problemas. Buscar um ambiente de trabalho saudável não é responsabilidade exclusiva do funcionário, é dele e da empresa.

TRABALHO: MODOS DE USAR

NO TRABALHO

FUNCIONÁRIO ROBÔ

NÃO PRECISA DE PILHA:

Capaz de trabalhar oito horas por dia, exceto aos domingos. Deve ser alimentado e dormir todos os dias para recarregar as baterias.

INSTRUÇÕES

Peças: Inclui um ser humano pronto para trabalhar.

Quando aperta a barriga, fala 3 frases diferentes:
- Vou providenciar agora mesmo.
- O relatório já está pronto.
- Pensarei em uma solução melhor.

Você pode programá-lo para até 230 trabalhos diferentes.
- Consulte a lista de profissões, funções e cargos no anexo.

SEJA CRIATIVO

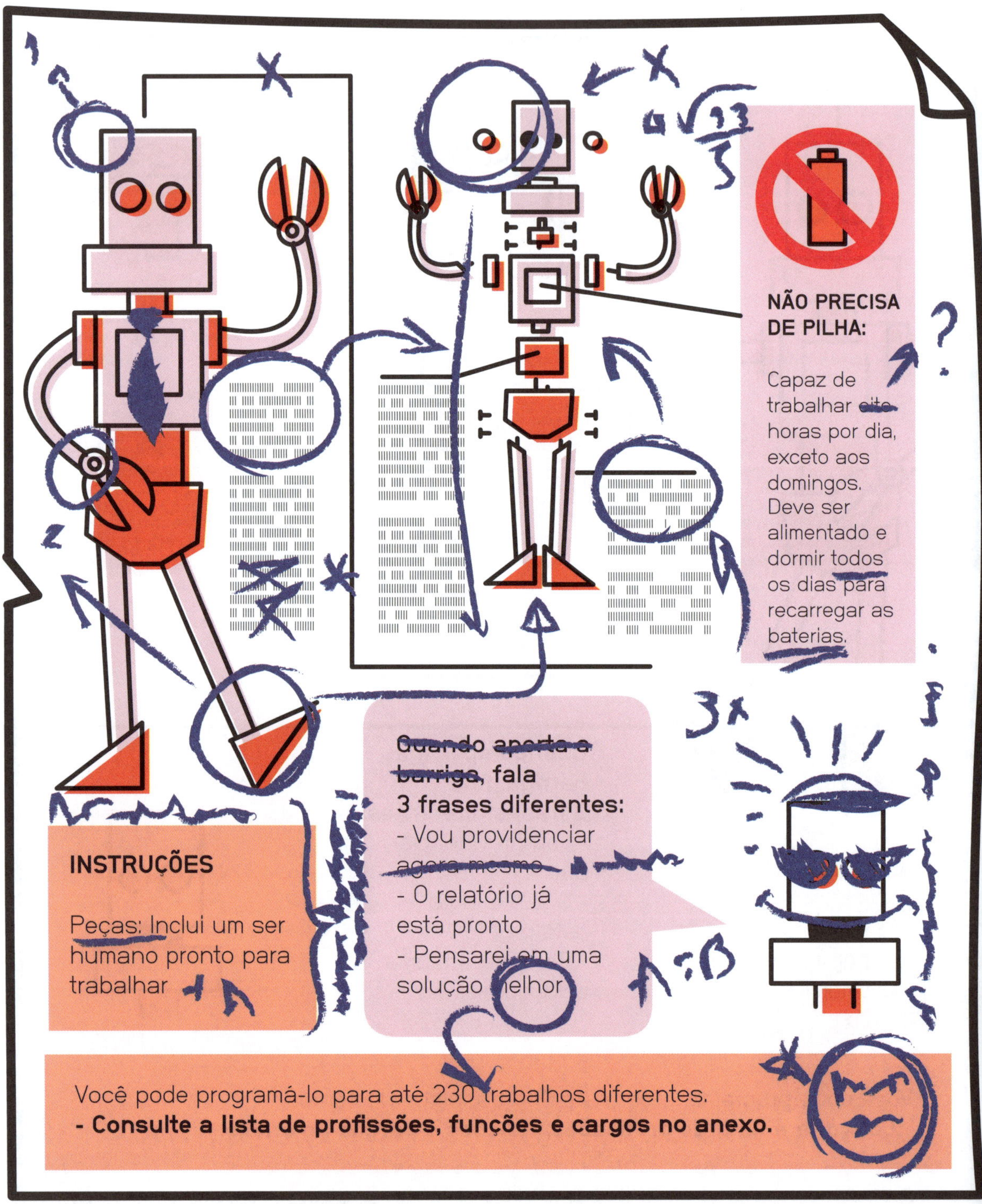

INFELIZMENTE (OU FELIZMENTE) O SER HUMANO NÃO VEM COM MANUAL DE INSTRUÇÕES. Não nascemos com *softwares* instalados que nos ensinem como a gente deve se comportar em diferentes situações. Nem com programas antivírus capazes de nos proteger de tristezas e frustrações.

Em alguns momentos a ideia parece tentadora. Imagina ter um manual do seu namorado/namorada ensinando como ele/ela funciona? Alguma coisa do tipo: quando ligar três vezes por dia significa que ela te ama. Quando ele falar "você vai sair com essa roupa?", quer dizer "você está linda demais e eu estou com ciúmes".

Mas se nem nós mesmos sabemos explicar muito bem como a cabeça e o coração da gente funcionam, como fazer um manual? Ou vai dizer que você nunca se surpreendeu com uma atitude impulsiva sua ou um comportamento diferente do habitual? Nunca pensou: "Nossa, eu não sabia que aquilo me deixaria tão triste". "Nunca ia imaginar que isso me deixaria tão feliz". A cabeça e o coração das pessoas são um mistério. O jeito é viver sem manual mesmo, tropeçando, aprendendo, evitando cometer os mesmos erros e adquirindo mais conhecimento a cada dia que passa.

O primeiro dia de trabalho dá o maior frio na barriga. E a vontade de ter um manual no bolso explicando como a gente deve agir é enorme. Tudo é novidade. Você fica em dúvida de como deve se comportar. Devo ser simpático ou ficar sério?

Algumas empresas possuem manual que explica ao funcionário, em linhas gerais, como funciona a empresa e algumas normas de conduta que devem ser seguidas. Ele é muito útil e deve ser lido com atenção. Porém, por mais completo que seja um manual, ele nunca vai trazer todas as situações com as quais você vai se deparar. Mais importante do que decorar um manual é aprender a refletir e fazer suas próprias escolhas de forma consciente. Que tal então refletirmos juntos sobre algumas questões relacionadas ao mundo do trabalho?

No trabalho, um novo tipo de relação é estabelecida com as pessoas: a relação profissional. Ela é diferente da relação familiar e da relação entre amigos. Isso não quer dizer que eventualmente você não possa trabalhar com um parente ou ficar amigo dos seus colegas de trabalho. Significa que você não pode discutir com um funcionário como se ele fosse seu irmão mais novo ou pedir para uma colega fazer o seu trabalho todo porque você está chateado naquela dia e ela, como amiga, poderia dar uma força. Em um ambiente profissional, a relação deve ser regida pelo respeito, cordialidade, educação, eficiência e compromisso.

Se não conseguirmos combinar esses elementos em nosso dia a dia, certamente o **TRABALHO EM EQUIPE** sai prejudicado. Sem ele, são poucas as chances de uma empresa prosperar, assim como a carreira dos seus funcionários. Se as pessoas que trabalham juntas não estão em sintonia, o cotidiano fica difícil e cada tarefa a ser desempenhada pode virar uma tortura.

E como fazemos para criar essa harmonia? Em primeiro lugar, é preciso ficar bem claro qual é o papel de cada um. É preciso saber quais são as suas atribuições e cumpri-las para não deixar o outro sobrecarregado ou ofendido por achar que você está querendo tomar um espaço que é dele. Em segundo, é fundamental manter um bom diálogo, escutando sempre o que os outros têm a dizer. Dessa maneira não só ficamos informados, como nos aproximamos das outras pessoas, que passam a nos ver com respeito e consideração.

Mas e se um dia acontecer de você ficar muito chateado? Se um colega, por exemplo, fez um comentário que deixou você ofendido? Primeiro tente dialogar com a pessoa. Se não der certo, converse com o superior imediato ou procure o **RH**, explicando o que aconteceu e pedindo aconselhamento. O importante é buscar uma saída que resolva o seu problema, mas que também preserve o ambiente de trabalho. Você deve pensar sempre como um dos jogadores do time.

Por outro lado, as empresas valorizam muito outra qualidade que, a princípio, parece bater de frente com o trabalho em equipe: a **LIDERANÇA**. Trata-se da capacidade de estimular seus colegas, incentivando-os a ajudar a empresa a conquistar seus objetivos. Mas essa atitude não pode deixar os colegas enciumados, ameaçando a harmonia do grupo? Como se destacar sem passar por cima do outro? É preciso cuidado sim. É preciso ter em mente que você não precisa querer ofuscar o outro para se destacar. Tente ser colaborativo no trabalho sem ressaltar como fulano ou sicrano não estão dando conta da parte deles. Seja mais construtivo do que crítico. Traga soluções em vez de ficar apontando os defeitos ou erros.

Outra característica importante e cada vez mais valorizada num ambiente profissional é a **PROATIVIDADE**. Sabe como age um funcionário proativo? Se existe um problema, por exemplo, ele não fica reclamando ou esperando que outra pessoa o resolva: vai lá e tenta dar um jeito. Em vez de fingir que não é com ele, toma o problema para si e pensa numa solução.

**RH: Recursos Humanos - departamento da empresa que cuida dos funcionários.*

Um bom profissional não deveria deixar de buscar nunca outra qualidade: a **CAPACIDADE DE INOVAR**. Uma empresa, por menor que ela seja, está sempre sujeita a imprevistos, bons e ruins. Em ambos os casos, é preciso ser criativo.

Se um determinado produto fez muito sucesso de uma hora para outra e é necessário bolar uma maneira de expandir sua produção sem aumentar muito os gastos, é a deixa para um funcionário com boas ideias. O mesmo vale para a situação contrária: um produto novo foi um fracasso total de vendas. O que a empresa faz com o estoque? Como diminuir o prejuízo?

E como é que se faz para ter boas ideias? Nascemos supercriativos ou não? É claro que a **CRIATIVIDADE** conta, mas também pesa o fato de você conhecer bem o funcionamento da empresa onde trabalha, assim como o setor ao qual ela pertence. Quem conhece cada etapa das operações da empresa tem mais chances de enxergar onde pode estar determinado problema, ou de avaliar onde existem recursos para uma solução.

Muita gente associa inovar a inventar, a criar coisas do zero. Mas na verdade não é preciso "inventar a roda" sempre. Muitas vezes basta você aprimorar a forma como determinada questão é conduzida. Pense nas grandes invenções da humanidade. O inventor da vacina do sarampo não acordou um dia e a criou do nada. Ele continuou o trabalho de outro pesquisador, que estava estudando alguma área parecida, fez ajustes e chegou a um resultado importante. Vale o mesmo para o dia a dia do nosso trabalho.

PRIVACIDADE

EU CURTI

www.minhavidaonline.com.br

Ai, não! Dormi demais, de novo!!!!! Perdi a hora do trabalho mais uma vez!!! Saco. Ninguém merece.

Um dia lindo de sol e eu aqui estudando. Imagina meu bom humor... Odeio estudar.

Gabriela Lima | 19 anos

Comentar | Gosto | Não gosto

Hj é o niver da minha amiga linda Priscila! Priiiii, desejo tudo de bom pra vc. Concerteza esse ano vai ser muito melhor do que passou. Agente vai se divertir mais e ter menas briguinhas bobas, né? Sei que pego no seu pé de ves em qdo, mas é pq eu te amooooo! Uahuahuahua!

Larissa Gomes | 20 anos

Comentar | Gosto | Não gosto

André Ricardo | 19 anos

Comentar | Gosto | Não gosto

MAS O MEU CHEFE NÃO

www.minhavidaonline.com.br

Ai, não! Dormi demais, de novo!!!!! Perdi a hora do trabalho mais uma vez!!! Saco. Ninguém merece.

Um dia lindo de sol e eu aqui estudando. Imagina meu bom humor... Odeio estudar.

Então você não se atrasou porque o ônibus quebrou, né, dona Gabriela, dormiu demais... E estudar é muito importante para crescer profissionalmente.

Gabriela Lima | 19 anos

Comentar | Gosto | Não gosto

Hj é o niver da minha amiga linda Priscila! Priiiii, desejo tudo de bom pra vc. Concerteza esse ano vai ser muito melhor do que passou. Agente vai se divertir mais e ter menas briguinhas bobas, né? Sei que pego no seu pé de ves em qdo, mas é pq eu te amooooo! Uahuahuahua!

Concerteza? Agente? Menas? Ves? Coitado do português.... Não quero ver esses erros nos e-mails da empresa não, tá?

Comentar | Gosto | Não gosto

Larissa Gomes | 20 anos

André Ricardo | 19 anos

Comentar | Gosto | Não gosto

VIDA VIRTUAL X VIDA REAL

HOJE EM DIA PASSAMOS BOA PARTE DO NOSSO TEMPO CONECTADOS À INTERNET. Por meio das redes sociais e do *e-mail*, conversamos, namoramos, trabalhamos, brigamos, desabafamos, rimos e sabemos de várias fofocas. Uma nova forma de se relacionar e se expressar surgiu.

Quem não conhece alguém que é supertímido na vida real e escreve um monte de coisas surpreendentes na internet? Quem nunca tomou susto (para o bem e para o mal) com as opiniões de um amigo e pensou: “Nossa, não imaginava que ele pensasse assim”.

Algumas pessoas acham que nossa vida real e a nossa vida virtual são totalmente separadas uma da outra. Mas não é bem assim. Nossa existência virtual é uma extensão de quem somos. E se, por um lado, ela facilita a autoexpressão e aproxima as pessoas; por outro, tudo o que fazemos nela fica documentado. Precisamos refletir sobre a realidade de que a nossa vida *on-line* passa uma imagem, e essa imagem fica gravada para sempre.

Tempos atrás saiu uma matéria em um jornal americano mostrando fotos de políticos durante festas na época de faculdade. Alguns apareciam bêbados, com meninas de biquíni. Foi um escândalo. E teve impacto imediato nas pesquisas eleitorais. Ninguém podia dizer que era mentira, as fotos estavam ali para comprovar.

Os adolescentes de hoje têm que lidar com essa nova realidade: sua vida é toda documentada e fica na internet. E a solução não é desistir das redes sociais e fugir das câmeras dos amigos, mas sim prestar atenção e tomar alguns cuidados.

AUTOEXPRESSÃO

Quando a gente começa a trabalhar, então, podem surgir várias saias justas. Você mal chegou no emprego novo e um colega que não conhece você muito bem pede para ser seu amigo em uma rede social. Como agir? Você não quer ser antipático e recusar o convite, mas também acha que ainda é cedo para que ele leia algumas coisas íntimas que você posta. E quando é o seu chefe que tem acesso à sua página? Você sabia que muitas empresas investigam na internet a vida das pessoas antes de contratá-las?

A maioria das redes sociais tem configurações de privacidade que permitem que você determine quem pode e quem não pode ler suas coisas. Uma boa dica é organizar seus contatos em grupos e listas e publicar seus *posts* de acordo com eles. Por exemplo: piadinhas para os amigos íntimos, *links* com notícias interessantes para todos os seus contatos. O que você escreve, se relevante, pode contar pontos no seu trabalho. Postar notícias de qualidade relacionadas à sua área de trabalho pode demonstrar seu interesse e potencial.

Mas lembre-se: mesmo com as configurações de privacidade ativadas, nada impede que um amigo reproduza uma foto ou *post* seu e você perca o controle sobre a imagem ou o texto. Por isso, sempre pense duas vezes antes de colocar algum material pessoal na rede.

Se você tem um *blog* ou um *site* pessoal, também é bom tomar cuidado com o que escreve ou posta. Mas e se o assunto do *blog* ou do *site* não tiver nada a ver com o seu trabalho? Por via das dúvidas, uma boa ideia é escrever na biografia da página que as coisas escritas ou postadas naquele espaço virtual de forma alguma representam o ponto de vista da empresa onde você trabalha, e sim o seu ponto de vista.

PENSE DUAS VEZES ANTES DE CLICAR

Da mesma maneira que é preciso tomar cuidado com a sua privacidade na internet, você também deve se preocupar com o que fala e escreve sobre a empresa em que está trabalhando. Fazer reclamações, falar mal do seu chefe ou dos seu colegas, colocar informações confidenciais na rede pode gerar demissões e até processos contra você. Se você tiver acessos a dados sigilosos de sua empresa, o cuidado deve ser redobrado.

E-mails de trabalho devem ser usados para assuntos profissionais exclusivamente. Algumas empresas criam para seus funcionários *e-mails* com uma nota de rodapé explicando a política de privacidade da empresa. Se for o seu caso, leia com atenção e aja de acordo.

São muitas as histórias de confusões causadas por *e-mails* indevidos trocados no ambiente de trabalho. Mensagens falando mal do chefe que foram mandadas por engano para o próprio; dois colegas falando mal de outro que acabou sendo copiado durante a conversa; namoros secretos descobertos por um *e-mail* indesejado. Cuidado com aquela ferramenta que completa automaticamente o nome da pessoa para quem a mensagem será enviada, pois às vezes acabamos selecionando o Daniel ou a Ana errados. Cheque o conteúdo e os destinatários antes de apertar "Enviar".

Evite usar seu *e-mail* de trabalho para assuntos íntimos. Crie um *e-mail* pessoal para conversar com seus amigos, contar piadas, trocar fotos etc. Lembre-se também de que algumas empresas monitoram os sites visitados por seus empregados. Por isso, nunca navegue em *sites* com conteúdo impróprio no computador de sua empresa.

O jeito que tratamos os colegas de trabalho é diferente daquele que tratamos nossos amigos. Conforme já falamos aqui, a relação estabelecida é profissional, portanto, a comunicação empresarial exige um tom mais formal. Evite gírias, tratamentos muito íntimos, mas seja sempre claro e objetivo. Um tom formal não significa falar difícil e usar palavras que acabam mais confundindo do que explicando. Significa usar o português correto e ter a certeza de que a outra pessoa está entendendo o que você está escrevendo. Mensagens mal-escritas ou truncadas são um passaporte para confusões e mal-entendidos.

Outro ponto importante: você vai trabalhar com pessoas que pensam diferente de você. Respeite a diferença. Nada de piadas sobre opções sexuais, políticas ou religiosas. O fato de você não ter a intenção de ofender ninguém com um *e-mail*, com uma piada, não significa que a outra pessoa não vá ficar chateada. Ou você quer adaptar aquela frase "perco o amigo mas não a piada" para "perco o emprego mas não perco a piada"?

ÉTICA: COMPLEXA, MAS MUITO NECESSÁRIA

Segundo o dicionário *Aurélio*, uma das definições para ética é o "conjunto de normas e princípios que norteiam a boa conduta do ser humano". Algumas empresas criam seu próprio código de ética, um documento que reúne os valores que elas mais prezam no dia a dia. Informar-se sobre esses valores é uma ótima maneira de entender como pensam as pessoas que decidem o destino do lugar onde você trabalha. Dessa maneira, fica ainda mais fácil entender como se comportar com seus colegas, e também com clientes etc. Uma boa convivência é fundamental. Não só no emprego, mas na vida.

A ética não deve ser encarada como um conjunto de regras para proteger somente o outro. Ela beneficia você também, já que, usando esses valores como referência, as outras pessoas também vão respeitar você. É um assunto complexo, mas que merece atenção, pois é fundamental para a humanidade ter um presente e um futuro mais harmoniosos.

COMUNICAÇÃO

VOCÊ FALA

Seu relatório
ficou sinistro.
Ficou ótimo.

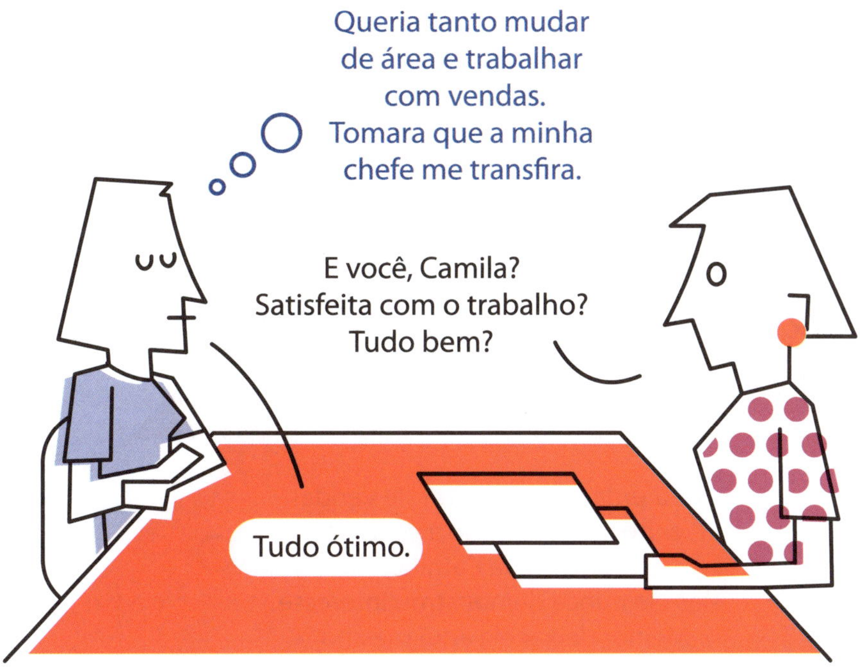
Queria tanto mudar
de área e trabalhar
com vendas.
Tomara que a minha
chefe me transfira.
E você, Camila?
Satisfeita com o trabalho?
Tudo bem?
Tudo ótimo.

ELE ESCUTA... OUTRA COISA

DIÁLOGO, ARGUMENTAÇÃO E RACIOCÍNIO LÓGICO

HEIN? HEIN?

VOCÊ TEM CERTEZA ABSOLUTA DE QUE ESTÁ SENDO CLARO. Mas, no final, acaba que a outra pessoa entende uma coisa completamente diferente. Como isso acontece com frequência, não é? No trabalho, com os amigos, com a família... A vida é cheia de pequenos mal-entendidos causados por problemas de comunicação.

Nosso primeiro reflexo é pensar que a culpa é do outro. Que o outro não é inteligente. Que o outro, isso. Que o outro, aquilo. Mas não é bem assim. Essas confusões acontecem porque somos diferentes uns dos outros em várias coisas. Nossa experiência de vida, nossas lembranças, nossas referências são diferentes. Por isso, acontece de interpretarmos o que o outro diz de forma equivocada. Para você, aquele conjunto de palavras quer dizer uma coisa. Para a pessoa com quem você está falando, outra. Mesmo que a pessoa ouça com clareza o que você disse, o significado que aquilo passa para ela pode ser outro.

Você pode falar "me dá um copo de água?", e achar que está sendo supersimpático, e a outra pessoa ficar ofendida, achando que, na verdade, você estava sendo autoritário. Até uma briga pode surgir daí. Por isso, antes de jogar a culpa para cima do outro, porque não prestar primeiro atenção na maneira como você anda falando? É importante se expressar da maneira mais clara possível, para evitar ao máximo os chamados ruídos de comunicação. Como saber se você está falando claramente? Um bom começo é responder a esta série de perguntas:

1. Você fala pausadamente?
2. Articula bem as palavras?
3. Usa frases claras?
4. É objetivo?
5. Tem um bom vocabulário?
6. Procura colocar em palavras o que está pensando em vez de imaginar que o outro sabe o que está se passando na sua cabeça?
7. Usa "por favor" e "obrigado"?
8. Como é o tom da sua voz na hora de falar?

São perguntas que devemos nos fazer sempre para melhorar a comunicação no dia a dia, sobretudo no ambiente profissional. Outra coisa: evite gírias! Cariocas, por exemplo, usam a palavra *sinistro* quando uma coisa boa acontece. No diálogo apresentado, a pessoa era carioca, mas seu colega de trabalho não. O segundo ficou achando que o comentário foi uma crítica, apesar de o outro estar elogiando. As gírias variam dependendo do lugar onde você nasceu ou mora, por isso a chance de um mal-entendido ao usá-las é maior.

Outro problema comum de falha de comunicação: você pensa um monte de coisas, mas não consegue transformar aquilo em palavras. Que nervoso! Você fica horas pensando, pensando, elaborando, e na hora de falar é um tal de: "er...", "sabe", "então", "daí, né?", "tipo assim", "não estou conseguindo me explicar muito bem?".

Sabe uma coisa que ajuda muito? Ler. Além de ficar mais íntimo do português, quem lê se informa, tem mais argumentos e consegue se expressar melhor. É mais difícil falar sobre um tema que você não conhece bem do que um assunto que domina, não é? A leitura diária de jornais, *sites* de notícias etc. pode ajudar e muito você a melhorar a maneira de falar.

Algumas pessoas têm mais dificuldade do que outras para se expressar, mas é preciso tentar melhorar. Sobretudo no trabalho. Expressar-se bem é uma qualidade decisiva durante uma entrevista de emprego e na hora de ganhar ou não uma promoção.

Isso não significa que uma pessoa tímida deve se tornar extrovertida e começar a falar pelos cotovelos. Mas ela precisa saber se expressar claramente.

Não pense que o outro vai entender o que você quer dizer só porque você pensou mil vezes sobre o assunto. Ninguém está lendo sua mente. Não ache que você deixou bem claro para o seu colega de trabalho que não gostou do que ele disse, só por causa do jeito que você olhou para ele no refeitório. Se quer ser entendido, fale. Converse educadamente. Achar que outro entendeu o recado sem ter certeza é o primeiro passo para um desentendimento.

Tem gente que quer mudar de área dentro da empresa e começa a demonstrar mau-humor na hora de realizar certas tarefas, achando que assim está deixando claro o seu descontentamento. Não! Mil vezes não! Se você quiser mudar de área, que tal primeiro conhecer melhor o novo departamento e se informar com os profissionais de lá sobre os serviços e como as coisas funcionam? Depois reflita se seria uma boa mudança. Se tiver certeza de que esse é o caminho que você quer seguir, converse com o seu superior imediato.

ESCUTA AQUI: É PRECISO SABER OUVIR

Estamos falando sobre como se expressar, mas muitos dos problemas de comunicação são causados por pessoas que não sabem ouvir. Você está falando de alguma questão importante e a pessoa responde "uhum" e engata um monólogo sobre ela mesma, como se você não existisse.

É muito importante saber ouvir o outro. Ouvir mesmo. E levar em conta um ponto de vista diferente. Tentar entender por que a pessoa pensa daquela maneira, o que está se passando na cabeça dela. A comunicação só se dá realmente assim: com uma pessoa falando e a outra ouvindo com atenção.

Saber ouvir seu chefe e seus colegas de trabalho pode trazer muitos ganhos profissionais. Não importa se a pessoa tem cargo superior ou inferior ao seu. Todo mundo pode trazer uma visão nova e relevante, uma maneira inusitada de abordar o problema ou uma solução surpreendente. Ouça com atenção. Argumente de maneira colaborativa e você poderá alcançar resultados incríveis.

VALE O MESMO NA HORA DE ESCREVER

Quase tudo o que tratamos sobre a comunicação oral vale para a escrita. Você escreve um *e-mail* certo de que está sendo superclaro. Mas descobre depois que a pessoa que recebeu entendeu uma coisa completamente diferente. De novo, é preciso ser objetivo, claro e educado. Esse último item é ainda mais importante. Ao vivo, numa conversa, a outra pessoa sempre leva em conta o seu tom de voz e sua expressão facial. Se você esquece de usar o "por favor", ela pode não se chatear, pois seu tom de voz foi doce e você estava sorrindo na hora. Mas e por *e-mail*? Ficaria a impressão de que você foi, sim, mal-educado ou mesmo grosseiro.

Também é muito importante prestar atenção na pontuação. Veja esse exemplo: uma secretária precisava consultar o chefe sobre a data de uma reunião por *e-mail* e esqueceu de colocar o ponto de interrogação no final da frase.

SECRETÁRIA: "Senhor Paulo, a nova data da reunião será dia 16. Atenciosamente, Vilma."

CHEFE: "Quem decide o dia da reunião sou eu, não a senhora."

Ficou parecendo que a secretária estava definindo a data e o chefe não gostou nada disso. Pode parecer uma besteira, mas imagina levar uma bronca porque esqueceu de digitar uma vírgula ou um ponto de interrogação?

Se o *e-mail* tivesse sido pontuado corretamente, provavelmente o diálogo seria assim:

SECRETÁRIA: "Senhor Paulo, a nova data da reunião será dia 16? Atenciosamente, Vilma."

CHEFE: "Sim. Pode marcar, obrigado."

Muita gente não entende quando o chefe reclama do uso errado do português no dia a dia do trabalho. "Se alguém fala 'pobrema', em vez de problema, eu entendo da mesma maneira. Não chega a atrapalhar a conversa. Onde eu moro, um monte de gente fala assim", uma dessas pessoas poderia argumentar. E ela não estaria inteiramente errada. A gente se faz entender dizendo "pobrema" ou problema. A questão é que em certos lugares se exige o uso do português culto, e o trabalho é um deles. Falar e escrever em português correto conta (muitos) pontos nesse ambiente. E falar o português correto demonstra que você estudou e, portanto, é no mínimo uma pessoa esforçada. Na hora de decidir quem merece promoção, o sujeito que usa o português corretamente leva vantagem.

O IMPORTANTE (NÃO) É VENCER

Existem momentos na comunicação em que os dois entenderam o que o outro quis dizer, mas mesmo assim discordam. Quando nenhum dos dois quer ceder, cria-se um impasse. Como agir nesses momentos?

Não tente ganhar a discussão só por ganhar. Discutir para fazer o outro engolir o seu ponto de vista pode ser um tiro no pé. E se, depois, pensando com mais calma, você se der conta de que a outra pessoa estava certa? De que a solução dela para o problema do seu setor fazia mesmo mais sentido que a sua?

Compensa prejudicar o setor onde você trabalha e, por tabela, a você mesmo, seus colegas e a empresa, só para ter o gostinho de ter vencido a discussão? É claro que não. Por isso, é preciso ter em mente que a prioridade é solucionar determinado problema ou resolver a questão x, e não vencer uma disputa pessoal.

A harmonia é muito importante no ambiente profissional. Se chegar à conclusão de que é você quem está certo mesmo, ou seja, de que a sua solução é a que vai beneficiar mais a todos, seja educado na hora de defender seu ponto de vista. Se o seu colega concordar, trate-o com respeito, e não como um derrotado. Você não vai ganhar nada ao fazer um monte de inimigos. Um deles pode virar o seu chefe amanhã.

Também é importante ceder. Se para chegar a um entendimento a respeito de determinada questão for preciso abrir mão de algumas coisas, faça isso. É melhor resolver o problema fazendo algumas concessões do que criar um impasse.

GERENCIANDO O TEMPO

SÃO SÓ DOIS MINUTINHOS

QUE VIRARAM DUAS HORAS

TEMPO DE NÃO PERDER TEMPO

ENCONTRAMOS DE TUDO NA INTERNET. A quantidade de informação é tanta que não é raro a gente começar uma pesquisa sobre o clima no Brasil e acabar lendo um texto sobre os pandas chineses. Isso é uma das coisas mais legais da internet: um assunto vai puxando o outro. Você vai navegando e descobrindo um monte de informações novas. Mas se por um lado você tem acesso a um sem-número de informações, por outro, é muito, MUITO, fácil se distrair. Se nos descuidarmos, lá se foram algumas horas olhando fotos de gatinhos fofos ou vencendo só mais uma fase daquele jogo novo. Divertir-se na internet é bom e todo mundo gosta, mas, como tudo na vida, deve ser dosado.

Saber administrar o nosso tempo, seja durante o horário comercial ou nas horas vagas, é um dos grandes desafios da vida moderna. Muita gente reclama de falta de tempo quando, na verdade, o que falta não é tempo, mas organização.

PLANEJAR É PRECISO

Uma das maneiras mais eficazes de gerenciar o seu tempo é fazendo um planejamento. Coloque em um papel quais são as metas para o dia e estipule uma quantidade de tempo aproximada para realizá-las. Assim você consegue controlar como seu dia está progredindo. Mas lembre-se: as metas têm que ser realistas. Não adianta escrever no papel tudo o que você não fez nos últimos dez anos e achar que vai resolver em uma tarde.

UM EXEMPLO DE COMO PLANEJAR SEU DIA DE TRABALHO:

MANHÃ

- Até a hora do almoço: organizar o arquivo (só vou almoçar quando estiver pronto).

TARDE

- Escrever o relatório mensal até 15h45.
- 15h45 até 16h00 – pausa para navegar na internet.
- Se sobrar tempo, arquivar *e-mails* antigos em pastas e limpar a caixa de entrada.

O planejamento vale no trabalho e também em casa. Você pode planejar seu dia de estudo, por exemplo. Isso evita que você perca muito tempo em uma matéria e descubra, tarde da noite, que não tem mais tempo para estudar as outras. Planejamento também muito útil é o financeiro. Anotar os gastos pode ajudar você a entender para onde o seu dinheiro está indo. Isso possibilita que você economize mais aqui, corte algumas despesas desnecessárias ali.

Uma boa ideia para planejar o dia é colocar uma meta fácil de ser batida logo de manhã. A sensação de dever cumprido é tão boa que faz você ficar animado e com vontade de realizar mais coisas.

Às vezes o serviço acumula e surge uma quantidade muito grande de tarefas para se resolver ao mesmo tempo. Nessas horas, bate aquele desespero: "Não vou dar conta!". Tem gente que fica tão nervosa que acaba paralisada, sem saber como agir ou por onde começar. Calma, não adianta se desesperar e tentar resolver tudo ao mesmo tempo. Divida o trabalho em pequenas tarefas e vá fazendo uma coisa por vez.

E na hora que o cansaço bater e você for levantar para tomar um café, navegar na internet ou conversar um pouco com os colegas, olho no relógio. Controle para que os dez minutinhos de descanso sejam realmente apenas dez minutinhos. E não adianta se enganar, não separando nenhum tempo para as distrações no seu planejamento.

VOCÊ POR VOCÊ

Você é responsável pela sua vida. Não espere que um chefe cobre para você fazer o serviço. Não espere uma bronca dos seus pais para estudar mais. Imagine onde você quer chegar, planeje como e corra atrás. Seja proativo.

Um hábito que pode te ajudar, e muito, é a autoavaliação. A palavra é grande mas o significado é simples. Avalie-se. Analise se você está fazendo um bom trabalho. Reflita sobre o que está sendo produtivo e o que não está no seu dia a dia. Pense no que pode ser melhorado. Faça essa autoavaliação de tempos em tempos.

VOCÊ...

- Cumpre as tarefas que lhe foram dadas?
- Executa seu serviço com capricho ou com desleixo?
- Trata bem seus colegas de trabalho?
- Apresenta soluções para problemas ou apenas reclama?
- Contribui para o bom ambiente no trabalho ou está sempre de cara amarrada?

Essas são apenas algumas perguntas sugeridas para a sua autoavaliação. Você pode e deve fazer outras. Elogios e críticas vindos de outras pessoas podem ser bons indicativos de como você está se saindo. Por mais que seja difícil ouvir uma crítica no início, reflita sobre o que foi dito. Pense sobre o que é verdade e pode ser melhorado. Mas não viva esperando apenas a avaliação dos outros.

UM DOS ELOS DA CORRENTE

Algumas pessoas correm atrás para conseguir um emprego, mas quando finalmente chegam lá, acham que o jogo está ganho e começam a se acomodar. Isso é um erro. Em um mercado cada vez mais competitivo, o funcionário tem que se esforçar diariamente para ficar atualizado e se especializar. Além disso, deve estar sempre atento à qualidade dos serviços prestados, isto é, à maneira como realiza o trabalho.

Um funcionário que chega atrasado e fica contando os minutos para ir embora, empurra trabalho para o outro sempre que pode, faz tudo de qualquer jeito para se livrar logo, deixa claro que não está comprometido com o emprego. Dificilmente uma pessoa com essas atitudes vai crescer na empresa. Os empregados podem até não perceber, mas muitos chefes avaliam diariamente o desempenho de seus funcionários.

Por mais simples que possa parecer o seu trabalho, ele é importante e deve ser executado com dedicação. Um negócio (ou uma empresa) é como uma corrente: basta tirar um dos seus elos para ela se romper. O nome dessa corrente, no mundo do trabalho, é cadeia do trabalho.

Ninguém trabalha sozinho. Além dos seus colegas, mais um monte de pessoas estão envolvidas direta e indiretamente com o que você faz. O jornal que você compra, por exemplo, é o resultado da soma do trabalho de várias pessoas. O jornalista pode fazer a melhor reportagem do ano, mas ninguém vai ler se os entregadores não fizerem a sua parte, que é levar o jornal até a banca.

Imagine a balconista de uma casa de sucos, cujo trabalho é servir os clientes. Antes de ela executar seu trabalho, olha quanta coisa acontece: as frutas são plantadas, cultivadas, colhidas e selecionadas. Depois, elas são ensacadas. Em seguida, as frutas são vendidas para a casa de sucos. Alguém cuida das questões administrativas, do dinheiro, da compra das frutas. Um caminhoneiro faz o transporte. Outra pessoa faz o suco para que a balconista possa servir. Ou seja, a balconista é só a parte de um longo processo. Mas se ela achar que o serviço dela não é importante e tratar mal os clientes, o movimento da casa de sucos cai. Afinal, ninguém quer ser maltratado. E o cliente vai procurar a concorrência. Em alguns meses, o dono do lugar cansa de levar prejuízo e decide fechar o negócio.

Pense na quantidade de pessoas que serão prejudicadas pelo mau atendimento da balconista. Os agricultores que plantam e colhem as frutas, o caminhoneiro que as transporta, o sujeito que faz o suco, e por aí vai. Por isso é tão importante trabalhar bem, para seu benefício e de seus colegas.

E não é só quem lida diretamente com o público que precisa saber atender bem. Além dos clientes externos que toda empresa tem, existem os chamados clientes internos. São as pessoas com quem você trabalha (diretores, gerentes, supervisores, entre outros funcionários) e devem ser tão bem atendidos quanto os clientes externos.

TEMPO É DINHEIRO

"Tempo é dinheiro", "Não se pode perder tempo"... Repetidas desde o século passado, essas frases trazem a mesma mensagem: se estamos parados, não estamos lucrando. Mas hoje sabemos que pausas para se distrair ou descansar são fundamentais para o dia a dia no trabalho. Elas servem para aliviar a tensão e repor as energias e a concentração, o que é bom para render mais depois. Basta saber dosar. Virar um robô que só pensa em trabalho não é legal – e robôs não são nada criativos. Mas se transformar em um escravo de gatinhos, vídeos engraçados e jogos de baralho *on-line* também não é a solução.

O TEMPO VOA – COMO SE PREPARAR PARA O ENVELHECIMENTO

Você mal estreou na vida adulta e já tem que pensar em como será a sua velhice? Sim. Esse é o ideal. Nem todo mundo consegue fazer isso, mas é importante nos planejarmos financeiramente para desfrutarmos de uma velhice tranquila. É muito comum as pessoas deixarem para cuidar disso só depois dos 40, 50 anos. Mas aí é preciso economizar muito mais, e justamente na época em que você pode ter um filho ou mais para sustentar. Resultado: passamos a viver no aperto e sem ter a garantia de que vamos usufruir de uma aposentadoria sem sustos.

Por isso o melhor caminho é começarmos desde cedo a separar um dinheiro para mais tarde. A maioria das pessoas se aposenta pelo Instituto Nacional do Seguro Social, o famoso INSS. Outra opção é fazer uma previdência privada. Já outras pessoas optam por abrir uma conta-poupança.

Quem consegue separar todo mês uma quantia maior deve considerar a possibilidade de um fundo de investimento, onde o dinheiro pode render mais do que a poupança. Mas para isso é preciso conversar com o gerente do seu banco e entender o funcionamento do fundo em questão. Pois existem fundos sem risco e outros em que você pode ganhar mais, mas pode perder também. Não se comprometa caso a eventual perda desse dinheiro puder abalar sua vida financeira. Afinal, como dissemos antes, o importante é ter um presente e um futuro tranquilos.

EMPREENDEDORISMO

TENTAR A SORTE

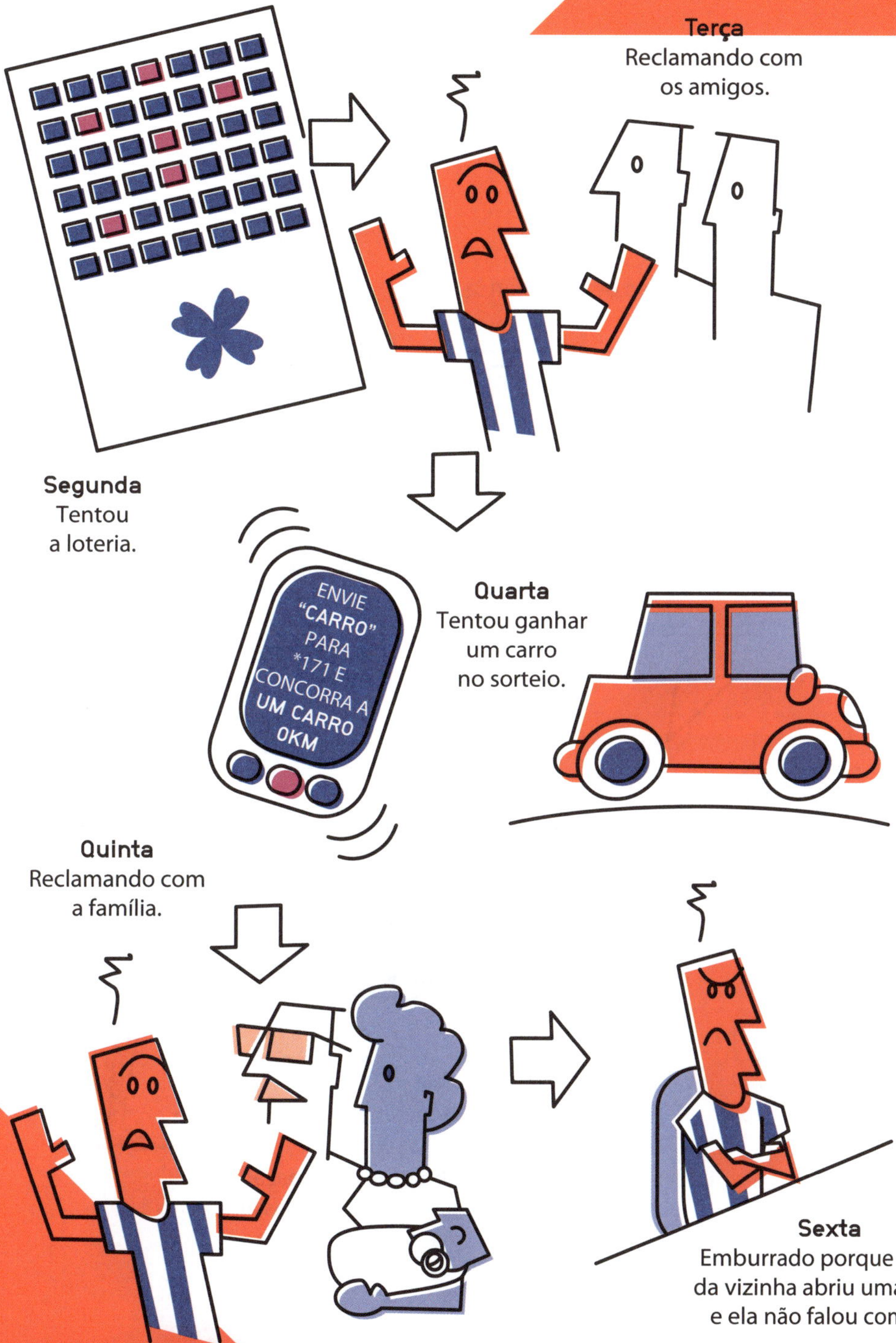

Segunda
Tentou a loteria.

Terça
Reclamando com os amigos.

Quarta
Tentou ganhar um carro no sorteio.

Quinta
Reclamando com a família.

Sexta
Emburrado porque a loja da vizinha abriu uma vaga e ela não falou com ele.

APOSTAR NO TRABALHO

Começou um
curso de informática.

Economizou dinheiro
para fazer um curso.

Organizou um bazar de
roupas usadas com os amigos
e ganhou dinheiro.

TEM GENTE QUE PASSA A VIDA RECLAMANDO QUE COISAS BOAS NUNCA ACONTECEM COM ELAS, QUE NÃO TÊM OPORTUNIDADES E TRABALHO, QUE O FULANO NEM É TÃO BOM NO QUE FAZ E CONSEGUIU UM CARGO MELHOR ETC. Outras pessoas passam a vida esperando ganhar na loteria, ter sua carta sorteada em um programa de TV... Como se uma solução mágica fosse resolver todos os problemas em um piscar de olhos. As chances reais de isso acontecer são muito pequenas para ficarmos parados esperando.

Você deve conhecer algumas pessoas que adotam essa postura. E gente que resolveu parar de reclamar por reclamar e foi à luta? O Anderson é um exemplo disso. Ele morava num bairro em que as ruas estavam cheias de buraco. Os vizinhos reclamavam entre si todos os dias, mas não faziam nada de concreto para resolver o problema. Anderson resolveu criar um *site* para tentar mudar aquela situação. "Meu investimento foi muito baixo. Baixo mesmo. Fiquei três finais de semana sem sair e, com o dinheiro economizado, comprei um domínio para o *site* e paguei o servidor."

Em seguida, ele colocou fotos dos buracos das ruas no *site*, marcou no mapa a localização de cada um, reuniu histórias de pessoas que se acidentaram e de carros que quebraram por causa deles. Depois, fez um abaixo-assinado e disponibilizou na página. No início, o *site* tinha um número pequeno de visitantes. Mas Anderson não desanimava. Todos os dias postava novas informações. Aos poucos, as pessoas dos bairros próximos ficaram sabendo do *site*, e pediram para incluir novas fotos de buracos e outras reclamações nele, como orelhões quebrados, postes com lâmpadas queimadas etc.

Os acessos foram aumentando a cada dia. Anderson procurou anunciantes locais que ficaram interessados em fazer propaganda de seus produtos para aquela quantidade de gente que visitava o *site*. Com o dinheiro dos anúncios, Anderson recuperou seu investimento inicial e começou a ganhar um dinheirinho todo mês.

A prefeitura da cidade tomou conhecimento do *site* e começou a acessá-lo regularmente. Além de ajudar a resolver muitos dos problemas, Anderson agora tinha um *site* que era referência e ainda ganhava um dinheiro todo mês com isso. Valendo-se do sucesso da página, ele procurou alguns comerciantes locais oferecendo-se para criar *sites*. Hoje Anderson tem uma pequena empresa que desenvolve páginas na internet, e ela cresce a cada dia.

Anderson criou oportunidade de trabalho onde aparentemente não existia. Ele teve ESPÍRITO EMPREENDEDOR. Um empreendedor, para quem não sabe, é uma pessoa que tem visão ampla das coisas, possui ideias originais e não se acomoda. Ele sempre se preocupa com a qualidade do seu negócio, é otimista e persistente. Entusiasmo, criatividade para buscar soluções dos problemas, iniciativa, autoconfiança, necessidade de realizar, persistência e comprometimento estão diretamente ligados ao empreendedorismo.

"Uma das grandes qualidades do empreendedor é a capacidade de se vender e vender o seu produto", diz Renato Regazzi, gerente da área de desenvolvimento industrial do Sebrae-RJ. Segundo ele, "o papel do empreendedorismo aumentou mais ainda, principalmente a partir de 2008, com a crise que aconteceu na Europa e nos EUA. Ela colocou a questão do empreendedorismo e da microempresa como um colchão social, uma forma das pessoas criarem postos de trabalho para elas próprias e para outros membros da sociedade, pois grandes companhias fecharam ou estão em crise".

Mas mesmo que você não pretenda abrir um negócio, pelo menos por enquanto, você já pode ter ATITUDES EMPREENDEDORAS no seu dia a dia profissional. Como? Não encarando seu trabalho como algo burocrático e sim como parte do seu processo de crescimento. Observe bem como cada setor da sua empresa funciona, exija o melhor de si e procure sempre novas soluções para os problemas. Inovação e proatividade são duas qualidades importantes tanto para o empreendedor quanto para um funcionário que quer crescer profissionalmente.

Outras qualidades do empreendedor são: capacidade de sonhar, coragem de correr riscos (o que não significa ser inconsequente), compromisso com o seu trabalho e com o seu futuro, entusiasmo, criatividade, comprometimento etc.

E você? Possui algumas características de pessoa empreendedora? Se um dia você resolver levar seus sonhos adiante e decidir buscar o caminho autônomo no mundo do trabalho, não deixe de ler o texto da página ao lado antes de abrir seu próprio negócio.

O QUE EU PRECISO SABER PARA ABRIR MEU PRÓPRIO NEGÓCIO?

Antes de tudo, de muita paciência. É o que disse Renato Regazzi, gerente da área de desenvolvimento industrial do Sebrae-RJ. "A ansiedade tem que ser baixa. Não se abre um negócio em menos de seis meses."

Depois de conter a ansiedade, a pessoa deve fazer um planejamento. É preciso decidir sua área de atuação e descobrir qual seria sua clientela. Também é necessário mapear a concorrência. Em seguida, você precisa definir bem o seu produto. "É importante que você tenha alguma afinidade com o universo em que pretende atuar, conhecer o seu produto, o mercado que esse produto tem. Também é fundamental que o produto tenha um diferencial", disse Regazzi.

Na sequência, é hora de fazer um plano de negócios. Você sabe o que é isso? "O plano de negócios é como uma simulação. Assim você descobre se o negócio tem futuro ou não antes de abrir", explicou. Regazzi acrescenta que, com um plano de negócio benfeito, você é capaz de descobrir se seu empreendimento vai dar certo ou não.

Quando o plano de negócio estiver pronto e você tiver conseguido o capital necessário para seu empreendimento, é hora de abrir a empresa. Lembre-se de que é muito arriscado pedir dinheiro emprestado com algum investidor ou em algum banco para montar um negócio próprio. O ideal é que a pessoa tenha pelo menos uma parte do capital. É bom não esquecer que a taxa de juros cobrada pelos bancos no Brasil é muito alta.

E não pense que o trabalho duro termina quando se abre a empresa. Engana-se quem pensa que daí para frente tudo serão flores. Gerir uma empresa é tão trabalhoso quanto abri-la. De cara, é preciso criar uma estrutura clara para ela. Depois é preciso ter certeza de que seus funcionários compreendem o funcionamento dessa estrutura.

E muitas outras coisas vão exigir sua atenção. Uma delas é o controle de qualidade do seu produto. "É importante pensar nisso durante todo o processo de fabricação do produto e não só no final desse processo. O pior estoque que você pode perder é o de produtos já acabados. Você gastou dinheiro para produzir, botou gente para trabalhar, comprou matéria-prima e, no final, não serve para nada", disse Regazzi.

Ele também chama a atenção para a necessidade de estar sempre antenado. "Você tem que estar informado sobre o que está acontecendo, sobre as tecnologias novas e as tendências. Porque a única coisa que garante a sobrevivência de uma empresa é a **CAPACIDADE DE INOVAR**. Se você não inova, não conquista um mercado", afirmou Regazzi.

Outro aspecto importante é a organização. O administrador precisa gerenciar todas as áreas e mantê-las sob controle. É preciso registrar a quantidade de produtos vendidos, a quantidade de produtos comprados, os pagamentos, o estoque etc.

Também sai na frente quem estiver antenado com as novas tecnologias. Elas são baratas e ajudam a divulgar e consolidar a marca que você criou.

APL – ARRANJOS PRODUTIVOS LOCAIS

Uma das maneiras de correr menos riscos na hora de abrir um negócio é fazer parte de um **ARRANJO PRODUTIVO LOCAL (APL)**. APL é um grupo de empresas que fica na mesma região, pertence a um mesmo setor e desenvolve ações em conjunto. "Empresas localizadas no mesmo lugar podem compartilhar infraestruturas. Ou seja, não é necessário que cada uma crie sua estrutura de funcionamento", disse Renato Regazzi, do Sebrae-RJ.

Isso faz com que empresas de um mesmo tipo de negócio localizadas na mesma região se tornem mais do que concorrentes. Podem virar parceiras. Os empresários participam juntos de feiras e eventos e dividem os custos de transporte. Eles podem formar grupos para comprar quantidade maior de matéria-prima ou de insumos e traçar um plano de marketing que trabalhe os produtos de todos, e não só os de uma empresa isolada, o que atrai mais compradores.

Portanto, antes de abrir seu negócio, descubra se não existe um APL perto da região onde você mora. Você pode descobrir isso de diversas formas. Uma delas é visitando o *site* do Sebrae: *www.sebrae.com.br.*

A CAMINHO DO MERCADO DE TRABALHO

ORIENTAÇÃO PROFISSIONAL

O EMPREGO DOS SONHOS

PODE SER UM PESADELO

É CLARO QUE ALGUÉM QUE MORA EM MANAUS PODE VIRAR ESQUIADOR PROFISSIONAL. A Jamaica, uma ilha do Caribe onde só faz calor, já teve uma equipe de trenó na neve competindo nas Olimpíadas de Inverno. Mas temos que admitir: o caminho para virar um esquiador profissional morando no meio de uma floresta tropical é muito mais difícil (e mais caro) do que para uma pessoa que mora em um país onde neva.

Na hora de escolher a sua profissão, é preciso tentar equilibrar três coisas:

DESEJO,
HABILIDADE E
OPORTUNIDADE.

Vamos usar o exemplo do esquiador:

DESEJO SER ESQUIADOR PROFISSIONAL!

PERGUNTAS A SEREM FEITAS:

- Eu levo jeito para isso? Tenho **HABILIDADE** para ser atleta? Gosto de me exercitar? Sou capaz de seguir alimentação balanceada e manter disciplina rígida de treinos?
- Eu posso viajar para países que nevam para treinar? Tenho como pagar o aluguel dos equipamentos e as despesas das viagens? Existe alguma **OPORTUNIDADE** para eu tentar conseguir patrocínio?

A pessoa deseja ser esquiador. Mas nunca praticou o esporte e nem sabe se suporta o frio. Ou seja, não sabe se leva jeito para a coisa. Também mora em Manaus, uma cidade que não neva e não tem pistas de esqui. Portanto, faltam oportunidades para que ele pratique o esporte.

Mas vamos com calma, uma coisa de cada vez.

DESEJO

Quais são as coisas de que você gosta? Por quais assuntos se interessa? Qual é o seu sonho?

Essas perguntas todas estão relacionadas ao desejo. E o seu desejo não deve ser deixado de lado na hora de pensar sobre trabalho. Ouvimos muito que o mercado de trabalho quer profissionais de determinado tipo. Pessoas que saibam isso, aquilo etc. Ok. Mas a pergunta que tem que ser feita nessa hora é: o que você quer do mercado de trabalho?

Para muita gente, trabalho é sinônimo de sofrimento. Quando a gente não gosta do que faz, um dia de trabalho parece durar uma eternidade. E o descontentamento acaba se refletindo na qualidade do serviço: falta de capricho, atrasos, pouca produtividade...

Claro que às vezes dá vontade de ficar em casa. É normal. Nem todos os dias de trabalho da nossa vida serão fáceis e agradáveis, mesmo se você tiver a profissão dos seus sonhos. Mas é muito importante conseguir extrair algum nível de prazer e satisfação do seu emprego.

Mesmo que agora você não esteja exatamente onde gostaria de estar – pintou um emprego e você estava precisando do dinheiro, não tinha como dizer não, tenha em mente quais são as atividades que lhe dão mais prazer. Se você não sabe que atividades seriam essas, que tal fazer uma lista com as profissões que você NÃO gosta. Assim você descarta várias opções e fica mais fácil focar no oposto. Depois, tente fazer uma segunda lista com as coisas que lhe dão prazer no dia a dia. Você adora conversar sobre carros com os seus amigos? Já pensou na possibilidade de trabalhar com isso? Será que você daria um bom mecânico? Ou gostaria de estudar engenharia? Você gosta de crianças? Fica um tempão brincando com seus irmãos mais novos? Isso pode ser um sinal de que você daria um bom professor. Ou quem sabe psicólogo?

É muito importante se conhecer bem.

Daí você perguntaria: "Preciso abandonar o lugar onde estou trabalhando no momento, já que ele ainda não é o emprego dos meus sonhos? Claro que não. Todo trabalho é uma experiência rica, que ensina muito. Tente tirar o máximo de aprendizado dele, até surgir uma chance de mudança. Pense que o emprego vai contar como experiência profissional e isso é importante para o seu currículo.

O início da vida profissional costuma ser mais difícil mesmo. Não desista nos primeiros obstáculos, pense aonde você quer chegar e persevere.

HABILIDADE

Depois de descobrir do que você gosta, é hora de descobrir se também leva jeito para isso. Desejo e habilidade são coisas diferentes. O desejo está relacionado aos nossos sonhos e vontades. A habilidade diz respeito aos nossos talentos e aptidões.

Vale lembrar que ter habilidade não significa que você nasce sabendo fazer determinada coisa e pronto. Imagine dois jogadores de futebol: um é craque e o outro um jogador habilidoso. O primeiro brilha no gramado, mas é preguiçoso, não gosta de treinar, chega atrasado, se envolve em confusão. O outro jogador tem menos habilidade do que o primeiro, porém é mais dedicado, nunca falta aos treinos, e se comporta como um profissional. O segundo, mesmo jogando menos, pode ter uma carreira mais bem-sucedida do que o outro. Exemplos desse tipo não faltam nos gramados, não é? Quantos craques não se perderam por aí.

Habilidade ajuda, mas não adianta muito sem trabalho duro e dedicação. É preciso ter jeito para a coisa e ter disciplina para se dedicar a ela.

A habilidade diz respeito à sua competência, às coisas que você é capaz de fazer com facilidade, ao seu jeito, à sua personalidade.

Vale a pena refletir antes de escolher sua profissão:

- Você está disposto a fazer alguns sacrifícios pela sua profissão? Ser ator pode parecer legal, mas você conseguiria passar meses viajando pelo interior do país com uma peça, longe de casa, dos amigos e da família?
- Sendo enfermeiro, você vai ajudar muita gente. Mas você consegue ver sangue sem desmaiar?
- Como é o seu temperamento? É mais extrovertido ou introvertido? Seria capaz de trabalhar muitas horas na frente de um computador sozinho? Conseguiria falar em público e lidar diretamente com as pessoas, ou ficaria extremamente envergonhado?

Claro que é possível se adaptar e aprender, mas as chances de você se sentir mais realizado numa profissão que tenha a ver com seu jeito e valorize suas aptidões, pode ajudar.

Pesquise sobre a profissão de seu interesse. Procure entrevistas na internet com profissionais da área contando sobre o dia a dia da profissão. Se tiver oportunidade, converse com alguns profissionais que estão no mercado.

OPORTUNIDADE

Você refletiu bastante, escolheu uma profissão que ama e para a qual leva jeito. Agora é hora de investigar se existem oportunidades disponíveis na sua área de interesse.

Como o mercado de trabalho é dinâmico, algumas carreiras podem oferecer muitas oportunidades em um período e em outras épocas não.

Às vezes lemos no jornal que determinado mercado está saturado. Isso significa que existem mais profissionais do que vagas disponíveis. Mas a mesma profissão pode ter o mercado saturado em uma região do país e aquecido em outra, por exemplo. O jeito é manter-se sempre bem informado, lendo jornais, revistas e *sites*. E é fundamental ser dinâmico como o mercado, sabendo procurar oportunidades.

Por exemplo: você tem facilidade para aprender outras línguas (habilidade) e sonha em conhecer pessoas e lugares diferentes (desejo). Por isso, quer tentar a carreira de comissário de bordo. Mas logo descobre que, apesar de as exigências para essa ocupação serem muitas, o mercado de trabalho para esses profissionais não anda bom. Em vez de desistir de fazer o que você gosta e leva jeito, por que não tentar alguma outra ocupação ligada ao turismo e que esteja em alta? Pode ser como agente de turismo, recreador, gerente de hotel etc. E quem sabe você não consegue conciliar o trabalho com uma faculdade ou curso ligado ao turismo? Assim terá ainda mais chances nesse mercado.

Outro exemplo: imagine que instalaram uma fábrica de carros na sua cidade e, com isso, surgiram muitas oportunidades de emprego. Você não sabe dirigir e nunca pensou em ter uma profissão relacionada a automóveis. Mas em vez de descartar de cara essa opção, por que não aproveitar essa oportunidade e investigar quais são as vagas disponíveis? Alguma pode estar ligada aos seus interesses. Você sabia que dentro de uma fábrica de carros podem existir profissionais de áreas tão distintas como nutricionista, designer, engenheiro, jornalista, psicólogo etc.? Além de muitas outras ocupações de nível técnico: como técnico em informática e ciências contábeis? Algumas empresas dão ajuda de custo e oferecem flexibilidade de horário para os profissionais que desejam fazer faculdade. Quem sabe não é uma boa chance?

Melhor do que sonhar é realizar nossos sonhos. Por isso é preciso ter os pés no chão, e ver quais são as oportunidades disponíveis e qual a melhor maneira de realizar seu desejo.

E se a perspectiva não for muito animadora, não estiver aparecendo muitas possibilidades no horizonte, não desanime: crie oportunidades. No capítulo sobre empreendedorismo, você vai encontrar mais informações sobre o assunto.

FORMAÇÃO

SEJA QUAL FOR SUA PROFISSÃO

EXISTE SEMPRE UM TIPO DE FORMAÇÃO IDEAL.

UM ÓTIMO EMPREGO PARA UMA PESSOA PODE NÃO SER PARA OUTRA. Tudo depende do desejo e das necessidades de cada um. Mas, depois de escolhida a profissão, existe uma coisa em comum que todos os profissionais deveriam buscar: uma formação. Quando falamos em formação, a maioria das pessoas pensa em um diploma universitário. Mas ela não é a única opção.

Muitas pesquisas confirmam que pessoas com diploma universitário têm mais chance de conseguir um trabalho melhor. Fazer faculdade é uma das experiências mais enriquecedoras que existem. Você aprende muito, conhece outras pessoas e realidades, faz amigos e sai com uma bagagem intelectual enorme. E muitas profissões, como medicina e engenharia, só podem ser exercidas depois que a pessoa recebe uma carga teórica e um diploma que apenas uma universidade pode oferecer.

Se você quer mesmo seguir o caminho da graduação tradicional, saiba que são dois os tipos existentes: licenciatura e bacharelado. O primeiro forma professores e dura de três anos e meio a quatro. O bacharelado forma os bacharéis, ou seja, advogados, engenheiros, médicos, jornalistas etc. Em ambos os casos, optando pela licenciatura ou pelo bacharelado, você pode prosseguir com os estudos fazendo uma pós-graduação. Esses cursos, que visam aprofundar o conhecimento, podem ser *stricto sensu* (mestrado ou doutorado) ou *lato sensu* (especialização).

Outra opção são os chamados cursos superiores de tecnologia: cursos de graduação de curta duração, realizados em dois anos e meio, em média. São em geral ligados à produção e à inovação científico-tecnológica e à gestão de processos de produção de bens e serviços. O aluno precisa ter concluído o ensino médio.

Existem ainda os cursos sequenciais, de curta duração. Eles não valem como graduação: conferem apenas um certificado atestando o conhecimento acadêmico em determinada área. Só pode cursar quem já terminou o ensino médio.

Outra alternativa de formação são os cursos técnicos, que capacitam o aluno para atividades do setor produtivo. Você pode se formar em técnico em enfermagem, em contabilidade, em informática...

O número de opções é enorme. Todas elas estão listadas no *site* do Catálogo Nacional de Cursos Técnicos (http://catalogonct.mec.gov.br/) do Ministério da Educação. Os alunos podem fazer os cursos na mesma escola onde frequentam o ensino médio, simultaneamente em uma segunda instituição de ensino, ou depois de ter concluído o ensino médio.

Qualquer que seja a profissão escolhida, sai na frente quem tem uma formação de qualidade no currículo. A concorrência no mercado de trabalho é grande. E para ter uma carreira bem-sucedida, o profissional deve continuar sempre estudando, atualizando-se e especializando-se para não ficar para trás.

Vale lembrar que quando falamos de sucesso, de ser bem-sucedido, não estamos falando de milhões de reais ou de virar celebridade. Tem gente que liga uma coisa a outra, mas não é bem assim. Não é preciso ganhar um caminhão de dinheiro para se sentir satisfeito na vida ou feliz com o seu trabalho.

AGORA É COM VOCÊ

ESTAMOS CHEGANDO AO FINAL DO LIVRO, E AGORA É COM VOCÊ. Está na hora de refletir sobre sua vida profissional e seu futuro. São muitas informações, desejos, sonhos, necessidades... Mas o que fazer com tudo isso na prática?

Um bom começo é criar um plano de desenvolvimento profissional. Sabe o que é isso? É uma espécie de mapa que traçamos para planejar nossa vida profissional. Imagina que você vai viajar de carro. Com um mapa em suas mãos, as chances de se perder diminuem e, assim, você consegue chegar mais rápido ao seu destino, economizando tempo e dinheiro (um percurso maior exige mais combustível).

Planejar sua vida profissional é parecido. Primeiro você identifica seus objetivos e, em seguida, planeja uma maneira de chegar até eles. Com o planejamento você pode poupar tempo e dinheiro, e chegará ao seu objetivo com mais facilidade. Claro que vai ser necessário fazer alguns ajustes durante o caminho, como acontece quando viajamos e nos deparamos com uma rua fechada. Precisamos, então, reajustar a rota.

Nós usamos o nome plano de desenvolvimento profissional, mas você poderia chamar de "Mapa da independência" ou "Estrada para a realização". Tanto faz o nome escolhido. O importante é que esse plano esteja ajudando **VOCÊ** a cumprir seus objetivos.

DESEJO, HABILIDADE E OPORTUNIDADE

Nós já falamos sobre esses três assuntos lá atrás. Agora é a sua vez de tratar deles. Mais especificamente, é a hora de você falar de si mesmo.

DESEJO

QUAIS SÃO SEUS SONHOS? O QUE VOCÊ QUER SER?

- Eu gosto de
- Eu odeio
- Meu maior sonho é
- Quando eu era pequeno, eu queria ser
- Eu cresci mais um pouco e quis ser
- Ninguém imagina, mas eu sempre quis

VOCÊ NO FUTURO

- Faça um desenho ou uma colagem de como você se imagina no futuro.

HABILIDADE

VOCÊ LEVA JEITO PARA QUÊ?

- Uma coisa que eu faço bem é...
- Não levo o menor jeito para...
- As matérias que eu mais gosto na escola são...
- As matérias que eu tiro notas mais altas são...
- Se eu pudesse fazer uma matéria desaparecer seria
- Eu queria ser... , mas não sei se... Poderia melhorar se...
- Nunca imaginei que... , mas insisti, me dediquei e consegui.
- Que tal fazer uma redação se descrevendo?

OPORTUNIDADE

QUAIS ÁREAS ESTÃO EM ALTA? QUAIS SÃO AS OPORTUNIDADES NA SUA CIDADE?

- Procure uma notícia sobre a área que, ao seu ver, mais apareceu no jornal no último mês.
- Procure no jornal da sua cidade quais são as maiores oportunidades de emprego no momento.
- Como você imagina que esteja o mercado na área em que quer atuar? Muitas vagas? Poucas? Novos empregos surgindo?
- Já sabe qual a área a que você quer se dedicar? Que tal coletar notícias relacionadas a ela?
- Reflita sobre essas questões. Faça mais perguntas, elabore respostas. Pense sobre você, se conheça melhor.

NÃO ESCREVA, **SÓ PENSE**, DE OLHOS FECHADOS.

JÁ SEI O QUE EU QUERO SER. E AGORA?

Depois de escolher a sua profissão ou área, é hora de dar um novo passo: descobrir qual formação é a mais adequada para você.

Algumas profissões exigem formação específica. Se você quiser ser médico, por exemplo, tem que começar a se preparar ainda na escola. O vestibular é bastante concorrido, existem mais candidatos do que vagas e por isso é preciso estudar muito. E não pense que essa rotina acaba quando passar no vestibular, não. São mais anos de muito estudo. Isso apenas para começar a exercer a profissão. E mesmo depois de formado, o médico terá que continuar estudando pelo resto da vida – atualizando-se a respeito das novas descobertas científicas, remédios mais modernos, tratamentos etc. (Mas isso não é exclusividade da medicina, não. Caso você queira ser um bom profissional, vai precisar estudar e se atualizar sempre.)

Se a profissão que você quer parece um sonho distante no momento, não desanime: trace uma estratégia para chegar lá. A estrada das nossas escolhas às vezes é feita de curvas, alguns desvios, mais paradas do que julgamos necessário. Mas sabendo aonde se quer chegar, a viagem vale a pena.

Se não é possível fazer faculdade agora – falta dinheiro, você não passou no vestibular, não consegue conciliar o trabalho com as aulas, não é a sua praia, não é o momento certo – não fique parado. Por que não procurar cursos que possam enriquecer seu currículo e contribuir para a carreira escolhida? Que tal aprender um idioma ou ter aulas de informática? Incorpore cursos ao seu planejamento que tenham a ver com seu objetivo final, ou seja, relevantes para a área escolhida por você. Não adianta fazer um monte de cursos só porque um amigo disse que é bom.

O planejamento difere de uma pessoa para outra. O importante é que você construa o seu, de acordo com os seus sonhos e possibilidades.

Pode acontecer de a ordem se inverter. Você já tem um trabalho do qual gosta e não pode abrir mão dele. Que tal planejar sua formação a partir dele? Por exemplo, você é recepcionista em uma empresa e adora seu trabalho, o ambiente, os colegas etc. Você pode continuar sua formação com um curso técnico em secretariado ou ingressar na faculdade para se formar como secretária executiva e crescer na empresa. Para complementar e ter ainda mais chances, pode aprender um idioma. Se você trabalha como cozinheiro, pode se formar em Técnico em Alimentos e Bebidas ou fazer Faculdade de Gastronomia.

No momento em que você decide ir atrás do emprego desejado, uma coisa que precisa estar à mão é o seu currículo. Para quem não sabe, trata-se de um resumo das suas informações pessoais e da sua formação, exigido antes de qualquer entrevista de emprego.

Pode parecer algo simples, mas muita gente se enrola na hora de fazer o próprio currículo. Algumas pessoas pecam pelo excesso: escrevem páginas e mais páginas, exagerando nos detalhes e enchendo as páginas de informações inúteis. Outras vão na direção contrária: não escrevem quase nada, dando até a impressão de que estão escondendo alguma coisa.

O meio termo é o ideal. Lembram do capítulo que tratou de como se comunicar no ambiente do trabalho? Então, as referências são praticamente as mesmas. Seja objetivo e claro, focando no que realmente é importante. Comece com nome, idade e endereço. Depois escreva qual é a sua formação até o momento. Fez algum curso? Inclua. Fala um segundo idioma? Não pode ficar de fora. Um exemplo:

FERNANDO PEREIRA DA SILVA
20 anos
Rua das Flores 34, apartamento 401
Centro, CEP 22259-090
xx - 9988-9967 (celular)
xx - 2525-6677 (fixo)

FORMAÇÃO
Universidade Nacional
Cursando o terceiro período de Direito.

CURSOS
"Direito trabalhista no dia a dia", realizada na sede da Ordem dos Advogados da cidade.

IDIOMA
- Inglês (terceiro ano do curso Better)

EXPERIÊNCIA PROFISSIONAL
2011
Estágio na Dutra Advogados
Direito econômico

Além de incluir cursos que tenham a ver com a área de atuação da empresa (é importante ficar claro que você tem foco), hoje em dia também é comum inserir algumas informações pessoais extras no currículo. *Hobbies*, trabalhos sociais, cartas de referência de ex-professores ou de ex-empregadores, trabalhos realizados, entre outras atividades, servem para mostrar melhor quem você é. Mas lembre-se, essas informações têm que contar ao seu favor, devem mostrar qualidades como: proatividade, capacidade de trabalhar em equipe, consciência ambiental etc. Essa versão mais extensa do currículo é chamada de portfólio.

O conteúdo do currículo é o mais importante, mas a apresentação do currículo também conta pontos. Nada de entregar um papel amassado ou sujo. E confira mais de uma vez para ter certeza de que não deixou algum erro de português passar por engano. Se a tinta da impressora que você costuma usar está acabando, imprima numa *lan-house* ou na casa de um amigo. Muitas empresas aceitam currículo digital por *e-mail*.

CONSEGUI UM EMPREGO

Conseguiu um emprego como o planejado? Parabéns! Você tem muito para comemorar, mas nada de colocar as pernas para cima e achar que agora o jogo está ganho. Essa é apenas mais uma etapa do planejamento rumo ao seu sonho. Da mesma maneira que organizamos um plano para sua formação anteriormente, agora vamos preparar um plano de carreira. Ah, e vale lembrar: tudo isso faz parte do mesmo planejamento profissional.

Muita gente gosta de sonhar alto, imaginando que poderia começar a vida profissional em uma supervaga. Mas quase ninguém estreia em um emprego como chefe ou numa posição de comando. No mundo do trabalho, geralmente se começa desempenhando tarefas simples. Na medida em que for aprendendo, se sobressaindo, você vai progredindo na empresa, ganhando responsabilidade e funções mais importantes. E esse trajeto pode e deve ser planejado também, para que você veja com clareza seu objetivo e como fazer para chegar lá.

Se o seu sonho é trabalhar no segmento Moda, por exemplo, você pode percorrer o caminho sugerido no itinerário formativo apresentado a seguir.

ITINERÁRIO FORMATIVO ▶ PRODUÇÃO CULTURAL E DESIGN

SEGMENTO MODA

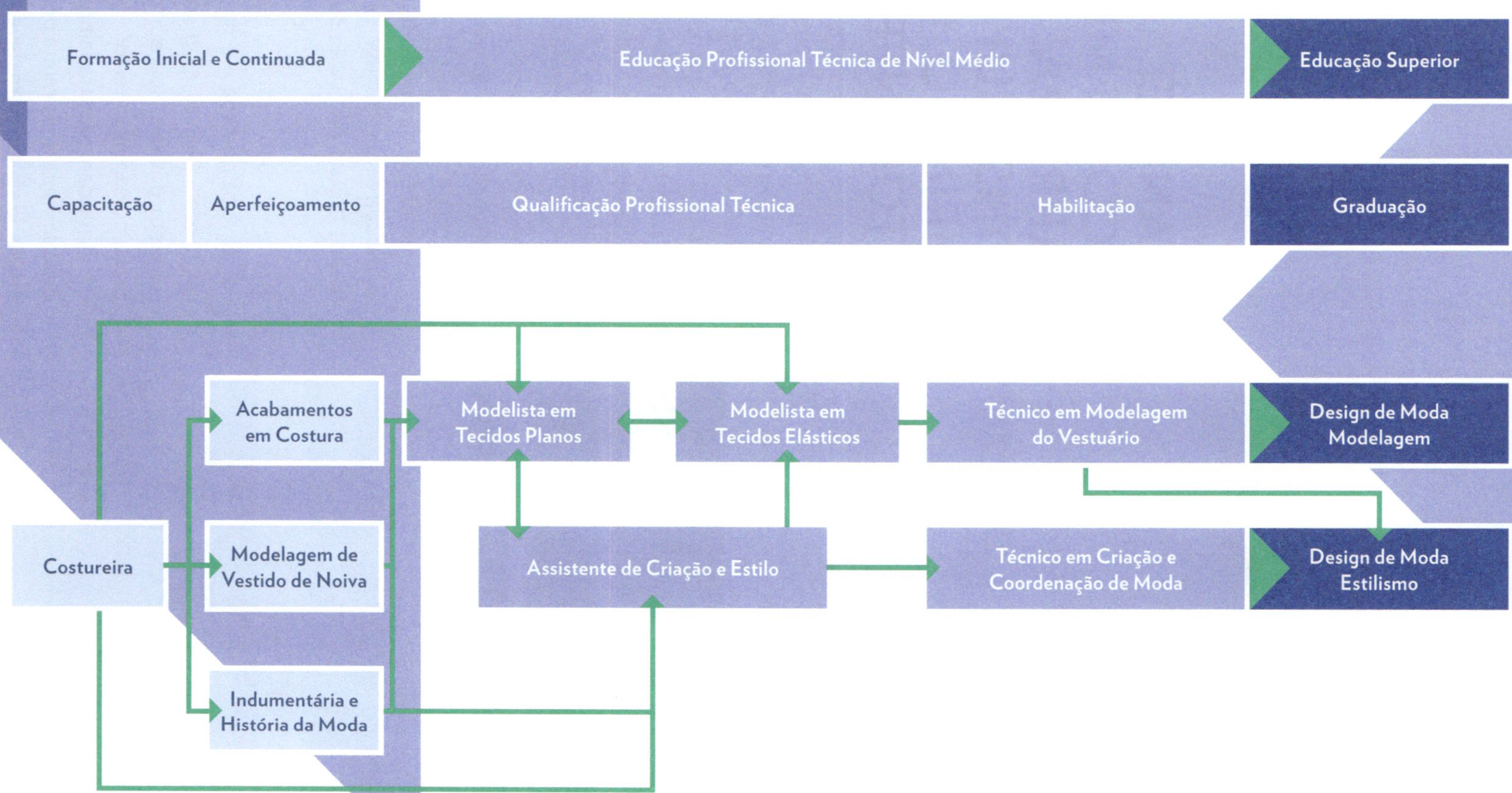

Fonte: SENAC.DN (2009).

PLANEJEI, ESCOLHI MINHA CARREIRA, CONSEGUI UM EMPREGO, MAS ESTOU INFELIZ

Ninguém acerta o tempo todo. Somos humanos e cometemos erros. Às vezes, por mais que a gente planeje, chega a realidade e mostra que as coisas não são bem como imaginávamos. Se um dia isso acontecer, não adianta ficar infeliz e se lamentando pelos cantos. Temos que identificar logo o problema e corrigir o percurso. Não espere anos para mudar uma situação que não está boa. Isso vale tanto no trabalho quanto na vida pessoal.

Lembre-se de que, independentemente da carreira escolhida, existirão dificuldades. Alguns dias serão duros – briga do chefe, reclamação do cliente, muito para fazer em pouco tempo, o resultado não sai como você gostaria – e nos sentimos desanimados. Nesses momentos é comum surgirem dúvidas: sou bom no que faço? Estou no caminho certo?

A mudança de trabalho, se necessária, deve ser feita após muita ponderação e reflexão. E ela também deve ser planejada.

REFERÊNCIAS

FRIED, Jason; HANSSON, David Heinemeier. **Reinvente sua empresa:** mude sua maneira de trabalhar. Tradução de: Carolina Alfaro. Rio de Janeiro: Sextante, 2012.

JOHNSON, Steven. **Tudo que é ruim é bom para você**: como os games e a TV nos tornam mais inteligentes. Tradução de: Sérgio Góes. Rio de Janeiro: Zahar, 2012.

LOLOIAN, Alexandre Jorge (Coord.). **Educação profissional**: contribuições para construção de itinerários formativos. São Paulo: Secretaria de Emprego e Relações de Trabalho, 2002. 79 p. (Programa Aprendendo a Aprender).

PORTO, Bruno; AMARAL, Mariana; BACON, Billy. **Você e o trabalho**. Rio de Janeiro: Senac Nacional, 2006. 95 p. Il. (Se Liga Nessa).

RATTO, Luiz. **Comércio**: um mundo de negócios. Rio de Janeiro: Senac Nacional, 2004. 317 p. Il.

SANZ, Luiz Alberto. **Procedimentos metodológicos**: fazendo caminhos. Rio de Janeiro: Ed. Senac Nacional, 2003. 150 p. (Didática para Educação Profissional).

SENAC. DN. **Itinerários formativos**: metodologia de construção. Rio de Janeiro: SENAC/DEP/CTP, 2009. 40 p. (Documentos Técnicos). p.36.

SITES CONSULTADOS

MEC. Disponível em: http://www.mec.gov.br/
Ministério do Trabalho. Disponível em: http://www.mte.gov.br/
Sebrae. Disponível em: http://www.sebrae.com.br/

Este livro foi impresso em papel off-set 90g/m^2 no miolo e cartão supremo 250g/m^2 na capa e composto nas fontes Verlag e Neubau Grotesk.